HYGIÈNE

DES

ENFANTS EN BAS AGE

FONDÉE

SUR LES PRINCIPES DU SYSTÈME MÉDICAL

DE F.-V. RASPAIL

PAR

Xavier RASPAIL

DEUXIÈME ÉDITION

PARIS
VIGOT FRÈRES,
ÉDITEURS
Écolc-de-Médecine

BRUXELLES
A L'OFFICE DE PUBLICITÉ
LIBRAIRIE NOUVELLE
46, Rue de la Madeleine, 46

1905

HYGIÈNE

DES

ENFANTS EN BAS AGE

HYGIÈNE

DES

ENFANTS EN BAS AGE

FONDÉE

SUR LES PRINCIPES DU SYSTÈME MÉDICAL

DE F.-V. RASPAIL

PAR

Xavier RASPAIL

DEUXIÈME ÉDITION

<table>
<tr><td>

PARIS

VIGOT FRÈRES,

ÉDITEURS

23, Place de l'École-de-Médecine

</td><td>

BRUXELLES

A L'OFFICE DE PUBLICITÉ

LIBRAIRIE NOUVELLE

46, Rue de la Madeleine, 46

</td></tr>
</table>

1905

[illegible]

HYGIÈNE

DES

ENFANTS EN BAS AGE

INTRODUCTION

Nous nous occuperons, dans ce petit livre, de l'enfant à partir de l'instant où il vient de naître, jusqu'au moment où s'ouvre pour lui la seconde enfance.

Il sera ce que ses générateurs sont eux-mèmes : sain et bien constitué, ou la triste victime des diathèses et des maladies dont ceux-ci pouvaient être atteints au moment de la conception ou dans le cours de la grossesse.

Combien de fois n'avons-nous pas éprouvé un sentiment de répulsive indignation contre les parents qui nous amenaient à soigner de petits êtres portant les tares indélébiles de leurs vices et de leur inconduite!

C'est l'enfant des syphilitiques qui apparaît avec l'aspect vieillot, le corps grêle, amaigri, la peau ridée, brunâtre, couleur de bistre, quand elle n'est pas excoriée, cette peau qui devrait être si fraîche, si rosée, au point de le faire ressembler, selon la propre expression d'un praticien, à un lapin dépouillé, lorsque, malheureux bouc émissaire, il a été conçu en pleine période de syphilis.

C'est l'enfant de l'alcoolique qui va débuter dans la vie par les convulsions et qui, s'il y résiste, continuera par l'épilepsie pour finir lamentablement dans la dégénérescence physique et intellectuelle.

C'est l'enfant du fumeur intoxiqué de nicotine, recevant à sa naissance, comme don de joyeux avènement, une diathèse qui se traduira plus tard par des manifestations cutanées, eczémateuses ou psoriasiques, heureux s'il peut, de bonne heure, jeter sa gourme pour se purifier, comme le pot-au-feu s'éclaircit en jetant son écume.

Ce sont, enfin, tous les malheureux qui apportent, en naissant, les vices constitutionnels que leur lèguent en héritage les parents qui devraient, s'ils en avaient conscience, se maudire eux-mêmes de mettre au monde des enfants appelés à traîner le fardeau de leurs misères jusqu'à la fin de leur existence.

Mais alors que le père serait sain, exempt de toute tare, que la mère posséderait la plus florissante santé, les injections au sublimé corrosif que, par peur des fameux microbes, les médecins font faire dans les derniers temps de la grossesse, sont en état d'avoir la plus pernicieuse influence sur la constitution de l'enfant en même temps qu'elles sont pour la mère une source féconde de maux pour l'avenir. Nous ne saurions trop nous élever ici contre cette criminelle pratique qui porte, dans l'organisme tout entier, l'effet insidieux et perturbateur du plus terrible et du plus subtil des poisons.

La mère, au contraire, qui aura recours aux prescriptions que nous indiquerons plus loin, se préparera non seulement une gesta-

tion facile, mais elle fera profiter l'enfant des
bienfaisants effets d'une hygiène aussi forti-
fiante que régénératrice.

CONSIDÉRATIONS GÉNERALES

Le poids moyen de l'enfant à la naissance
est de 3 kgr. 200. Physiologiquement, ce
poids diminue les deux ou trois premiers
jours par l'évacuation de l'urine et du méconium, et ce n'est que le quatrième jour que
l'enfant remonte au poids initial pour commencer sensiblement à croître surtout après
la première semaine. Cela tient à l'absence
de nourriture pendant les deux premiers
jours et au travail qui se fait dans les orga
nes, pour les préparer à fonctionner normalement et les mettre en harmonie avec les
nécessités nouvelles qui n'existaient pas dans
la vie fœtale.

Cette question des variations du poids de
l'enfant est très importante et nous parlerons
tout d'abord de l'avantage considérable qui

résulterait de la généralisation de l'usage de la pesée que la mère ou la nourrice pourrait faire elle-même.

L'achat d'une balance devrait s'imposer dans un ménage ; ce serait une dépense compensée au delà par le service qu'elle rendrait et, du reste, elle pourrait être commune entre voisins. La mère aurait ainsi, sous la main, le baromètre le plus sensible pour lui indiquer, au besoin jour par jour, l'état de santé du nouveau-né.

La pesée donne-t-elle sur la précédente un chiffre accusant une augmentation, tout va bien ; donne-t-elle le même poids, c'est-à-dire un état stationnaire indiquant que l'enfant ne profite plus, il y a lieu déjà de s'en préoccuper et de rechercher s'il n'existe pas un défaut dans l'alimentation, du fait du lait maternel ou animal. La pesée montre-t-elle enfin une diminution notable, par conséquent qu'il y a commencement de dépérissement, on sera mis en garde contre un état pathologique dont les prodromes sont toujours si difficiles à reconnaître chez les tout petits, le nourrisson ne pouvant nous dire par la parole ce qu'il éprouve ni où il souffre.

En présence de la dépopulation qui se prononce de plus en plus en France, on se préoccupe uniquement de la faible natalité qui résulte d'un état social évidemment défectueux amenant les familles à souhaiter le moins d'enfants possible, alors que cette dépopulation découle en partie de la mortalité considérable des nouveau-nés.

Or, on ne fait rien de pratique pour conserver chaque année des milliers de petits êtres qui ne demanderaient qu'à vivre et qui suffiraient à ramener le chiffre de la population à un degré rassurant pour l'avenir. On les confie au loin, dans les villages à des mains mercenaires, sous la surveillance souvent illusoire du médecin de la localité ou du canton ; ils tombent dans des milieux où règnent la misère, la malpropreté, où les principes d'hygiène les plus élémentaires sont inconnus ; de sorte que si les plus résistants végètent quand même, par contre le plus grand nombre, dont la constitution est déjà chétive à la naissance, dépérit progressivement et meurt faute de soins éclairés et d'une alimentation suffisamment surveillée.

Et cependant rien ne serait plus facile que de garantir dans une large mesure la vie du nouveau-né confié à une nourrice ou à une éleveuse à l'alimentation artificielle.

Nous nous souvenons avoir été frappé, il y a trente-cinq ans, d'un projet des Drs Odier et Blache fils consistant à rendre les pesées obligatoires.

L'enfant, avant d'être confié à une nourrice, devait être pesé et son poids inscrit sur une fiche qui l'accompagnerait dans la commune pour être transcrite à la mairie sur un registre spécial. Toutes les semaines, le nourrisson serait présenté à un médecin-inspecteur et son poids de nouveau mentionné sur ledit registre. Dans le cas de diminution du poids, on en rechercherait immédiatement la cause et les moyens d'y obvier à temps.

L'application d'un tel projet est très simple au point de vue administratif et, grâce à lui, on verrait diminuer rapidement la mortalité infantile. Bien que de nos jours, ce qui est le plus utile et le plus facile à mettre en pratique est justement ce qui a le moins de chance d'être adopté, nous devons reconnaître que, depuis l'apparition de la première édition de ce petit livre, à Paris et dans quelques rares communes administrées par des hommes intelligents, la pesée des enfants en bas âge commence à être mise en usage et a déjà donné d'excellents résultats.

Ah! si les principes préservatifs et curatifs si salutaires, si souverains dans leur simplicité même de notre méthode, étaient généralisés dans les masses et acceptés par la médecine officielle, il n'y aurait pas lieu de se préoccuper de ces moyens de constater l'état pathognomonique de l'enfant en bas âge, on serait toujours assuré, à part les cas de tares constitutionnelles irrémédiables, de maintenir le petit être en bonne voie de prospérité. Mais, nous en sommes bien loin et nous devons indiquer les moyens qui peuvent corriger en partie, sur ce point, la défectuosité de notre organisation sociale.

Nous venons de dire qu'à l'aide de la balance on peut arriver à déterminer mathématiquement, chez l'enfant en bas âge, le moment précis où sa santé commence à péricliter; mais à défaut des pesées, nous appellerons l'attention sur un guide infaillible qui est l'aspect des selles :

JAUNES ET BIEN LIÉES, L'ÉTAT DE L'ENFANT EST EXCELLENT, VERTES, IL EST MAUVAIS.

L'accroissement de l'enfant, que nous avons pris à sa naissance pesant 3 kil. 200, sera en moyenne pour les cinq premiers mois de 20 à 25 grammes par jour ; pour les quatre mois suivants de 10 à 15 grammes, pour descendre ensuite à 10 et à 5.

De sorte que, s'il se développe dans de bonnes conditions, l'enfant devra peser à cinq mois 6 kil. 550 et environ 9 kilogrammes à un an.

Tous ces chiffres sont des moyennes et peuvent par conséquent osciller au-dessus ou au-dessous.

Ainsi, l'enfant au premier âge, pour res-
ter en bonne santé, doit croître chaque jour ;
s'il subit un temps d'arrêt, il est sur le point
de décroître, par conséquent de dépérir. Or,
le facteur le plus important qui commande
cet état florissant ou de dépérissement est
l'alimentation, que ce soit l'allaitement au
sein ou avec du lait animal.

Le simple bon sens doit faire comprendre
que rien ne peut remplacer le lait de la
femme ; la nature a donné, en effet, à la
mère en général la nourriture qui convient
le mieux à son petit pour qu'il se développe normalement et devienne le type pur
de l'espèce. Dans ce sens, l'analyse la plus
rigoureuse ne saurait découvrir dans le
lait des animaux certains éléments qui ap-
partiennent en propre à leur espèce. Il faut
donc rejeter les alimentations artificielles
aussi savamment qu'elles puissent être com-
binées pour représenter les substances les
plus assimilables au premier âge ; elles
profitent surtout au vendeur. La chimie
a beau faire, elle ne retrouvera jamais
la filière de la nature et ses cucurbites

n'atteindront jamais la propriété d'un organe.

Mais l'analyse peut déterminer la quantité et la qualité des principes primordiaux de la nutrition et, dans ce cas, elle démontre que les laits qui se rapprochent le plus de celui de la femme sont ceux de l'ânesse et de la chèvre. De plus, ce dernier a l'avantage d'être exempt de toute contamination, car la chèvre est presque toujours réfractaire aux maladies infectieuses et surtout à la tuberculose.

L'idéal serait donc, à défaut de la mère, l'élevage du nouveau-né avec le lait de chèvre et de pouvoir le lui donner au sortir du pis de la bête, alors qu'il possède encore toute la vitalité de ses molécules.

Certes, la mission la plus sacrée pour la femme est bien de nourrir le petit être qu'elle a porté dans son sein ; c'est là une loi de la nature qui ne devrait jamais être transgressée. L'allaitement est hygiénique pour la mère en même temps qu'il est pour elle la source de ses plus pures voluptés.

Qu'importe qu'elle paraisse trop faible de constitution pour nourrir, si elle a du lait dont l'enfant s'accommode, du lait sain et non infecté d'avance par une constitution mercurialisée ou autrement tarée ; loin. de succomber à son devoir maternel, elle se fortifiera au contraire à le remplir : ce sera sa fontaine de Jouvence.

Mais hélas, dans notre société moderne où tout concourt à amener la dégénérescence de l'espèce humaine, le résultat est tout autre, excepté chez la femme saine des campagnes non encore atteinte par les mœurs des villes.

Dans les milieux de la vie surmenée et de toutes les misères, la femme, à part de rares exceptions, qu'elle mène l'existence d'oisiveté que permet la fortune, ou qu'elle soit obligée d'user ses forces pour gagner un salaire à peine suffisant pour vivre, la femme est anémiée par des causes diamétralement opposées, mais qui n'en produisent pas moins les mêmes effets pernicieux sur l'organisme.

Dans ces conditions, si elle veut remplir son devoir de mère, elle s'épuise rapidement pour ne fournir qu'un lait pauvre, morbide, toujours insuffisant pour l'enfant qui végète quand il ne dépérit pas tout à fait.

A une situation qui ne tarde pas à apparaître déplorable même aux moins clairvoyants, une solution s'impose : donner à l'enfant le sein d'une nourrice de la campagne, ou l'alimenter avec le lait de vache.

Dans le premier cas, tout sera pour le mieux si la nourrice est installée dans la famille sous l'œil vigilant de la mère. Si elle a été choisie après un sérieux examen de son état de santé, de la qualité et de l'abondance de son lait, le petit malingre ne tardera pas à profiter du changement, tandis que, comme conséquence déplorable, le propre enfant de la nourrice sera presque toujours sacrifié puisqu'il aura perdu le sein maternel ; au point de vue sociologique, l'avantage est donc nul.

Par contre, si la mère, réduite à ne pas allaiter, se trouve dans l'obligation de se séparer de son enfant et de le confier, loin d'elle, à des mains mercenaires, ce sera, au contraire, celui-ci qui sera le sacrifié, car la nourrice, dans ce cas, suivra l'inspiration de son cœur et ne lui donnera de son lait que ce que son propre enfant ne voudra pas prendre.

Mais encore, ce n'est que le petit nombre des enfants enlevés à leur mère aussitôt après leur naissance qui seront nourris au sein; pour Paris, nous voyons, à chaque statistique hebdomadaire, que pour 1,100 naissances, la déclaration de la mise en nourrice est en moyenne de 356 enfants dont 76 seulement sont destinés à être nourris au sein et 280 à recevoir une autre alimentation. C'est chez ces derniers, ainsi que chez ceux qui recevront, même dans la famille, l'allaitement artificiel, que la mortalité sera la plus grande et constituera le facteur le plus important de la dépopulation de la France, qui apparaît de plus en plus menaçante à chacun des recensements faits tous les quatre ans. Comment en serait-il autrement, dans de telles conditions, alors que la natalité dans bien des villes atteint à peine le chiffre de la mortalité?

De tout temps, on a eu recours à l'allaitement artificiel consistant dans l'adaptation
du lait de vache à l'alimentation des jeunes
enfants, soit que la mère se trouvât dans
l'impossibilité de nourrir, soit pour subvenir
à l'insuffisance nutritive de son propre lait.

Le lait de vache étant beaucoup plus
riche en caséine et en beurre, on le rame-
nait autrefois à une forme plus favorable à
la digestion de l'enfant en le coupant le plus
souvent avec de l'eau pure, mais aussi avec
des décoctions d'orge, de gruau, même d'eau
panée.

On ne se préoccupait nullement alors des
microbes que contenait certainement comme
aujourd'hui le lait de vache, et, en cela,
il n'apparaît pas qu'on s'en trouvait plus mal,
puisque la mortalité dans la première enfance était loin d'atteindre celle de nos jours.

Dès que la doctrine pasteurienne se fut
imposée au monde médical, on se préoc-
cupa de ne donner à l'enfant que du lait de
vache ayant subi une opération préalable
destinée à détruire les microbes infectieux
qu'il pourrait contenir, mais en stérilisant

les mauvais, on ne songea pas qu'on détrui-
sait du même coup les bons, c'est-à-dire les
ferments qui doivent favoriser le travail de
la digestion et de l'assimilation des principes nutritifs.

Un certain nombre de vaches qui vivent
dans les villes, ne sortant jamais de l'étable,
sont tuberculeuses sans qu'on puisse s'en
apercevoir par aucune manifestation symp-
tomatique; ceci est incontesté. Mais n'en
est-il pas de même pour l'espèce humaine,
chez qui la tuberculose est bien autrement
généralisée? L'autopsie ne révèle-t-elle pas
à tout instant des cicatrisations anciennes
dans les poumons d'individus qui ont été
tuberculeux sans qu'on s'en soit jamais douté
de leur vivant?

Dès lors, si le lait de la vache tuberculeuse, en dépit de toutes les apparences de
la santé, peut contenir le bacille de Koch,
ce qui est loin d'être prouvé, pourquoi la
femme tuberculeuse insoupçonnée n'aurait-
elle pas également dans son lait le germe
tuberculeux?

Pour être logique, il faudrait donc supprimer le lait maternel qu'on ne peut stériliser d'autant plus qu'il est en état de contenir bien d'autres germes de maladies transmissibles par l'hérédité qui s'aggravent par l'infection mercurielle qu'on fait subir à la mère avant et après son accouchement et dont le malheureux enfant prend sa bonne part.

Notre rêve, pour régénérer la race qui menace de s'en aller en déliquescence, serait de prendre l'enfant dès sa naissance et de l'élever avec le lait de chèvre.

Nous sommes sur ce point en complète communion d'idées avec le Dr Boudard, de Marseille, et comme lui, nous sommes convaincu que l'enfant qui a reçu de ses parents le triste héritage de leurs vices constitutionnels, arriverait peu à peu à se purifier, grâce à la puissance régénératrice de la lymphe mammaire fournie par un animal qui annule les virus puisqu'il n'est pas atteint par eux.

.·.

Donc, le grand progrès de l'allaitement artificiel fondé sur la théorie microbienne, consiste à donner à l'enfant le lait de la vache stérilisé ou pasteurisé; la différence de ces deux procédés réside dans le degré de chauffage. Le premier est soumis à une température de 95° et au delà; le second à un chauffage continu à 75°. Ce dernier procédé n'est pas destiné à stériliser, mais à paralyser les germes pendant assez longtemps pour que le liquide puisse arriver intact dans l'estomac du nourrisson.

Mais voilà qu'aujourd'hui on s'aperçoit que le lait stérilisé est pernicieux et qu'en l'employant on n'évite un danger que pour tomber dans un inconvénient beaucoup plus grave.

L'alimentation au lait stérilisé rend les enfants anémiques et rachitiques et, par suite, les met dans un état de réceptivité plus grand pour acquérir les maladies contagieuses; elle peut même déterminer le scorbut, ainsi que dans ces dernières années on en a cité de nombreux exemples qui tous ont guéri spontanément, dès qu'on a remplacé le lait stérilisé par du lait naturel et pur.

De l'ensemble des communications qui ont été faites au congrès international de médecine de 1900, il ressort en effet, que le lait stérilisé subit dans ses éléments chimiques des modifications profondes qui lui enlèvent ses propriétés précieuses d'aliment complet pour le nouveau-né.

Que dire après cela de ces tentatives de remplacer le lait stérilisé par le *lait humanisé* le *lait maternisé* ou *centrifuge*, transformations par lesquelles on veut essayer de ramener le lait de vache à la composition chimique de celui de la femme?

F.-V. Raspail avait déjà condamné ces tripotages antiphysiologiques, lorsqu'il écrivait :

« Le lait que vous faites — et nous ajouterons que vous stérilisez — n'est plus composé que de cellules mortes, tandis que le lait qui sort de la mamelle de la femme, de la chèvre ou de la vache n'est composé que de cellules vivantes et qui ne demandent qu'à vivre. »

.·.

En nous appuyant sur ces considérations, nous n'hésitons pas, à défaut du lait de chèvre, dont tous les efforts devraient tendre à généraliser l'usage, à conseiller de n'employer à la campagne, en s'entourant de toutes les garanties sur la provenance et la qualité, que du lait de vache pur dont on s'approvisionnerait à la traite du matin et à celle du soir.

Quant au lait qui se consomme à Paris, la presque totalité vient généralement de loin et, pour pouvoir voyager, il a déjà subi un chauffage, une pasteurisation ; on le prendra ainsi en bouteilles hermétiquement fermées et ce sera suffisant.

La crainte bien hypothétique de la transmission de la tuberculose par le lait de vache et la préoccupation du microbisme à outrance perdent toute valeur, quand on se reporte en arrière et qu'on compare le temps passé au temps présent ; on est bien forcé de reconnaître qu'autrefois la mortalité infantile était beaucoup moins élevée que de nos jours.

Cependant, l'allaitement artificiel était pratiqué alors comme aujourd'hui pour les mêmes causes et les mêmes raisons. Mais aussi, on ne se préoccupait ni des microbes, qu'on ne connaissait pas, ni des savantes expérimentations plus théoriques que pratiques, destinées à démontrer le degré d'assimilation et de digestibilité des aliments et on donnait tout simplement le lait de vache à l'enfant en en modifiant la composition, si son estomac ne le digérait pas facilement, par une addition soit d'eau pure, soit d'une décoction à base féculente.

En fait, en se reportant seulement au commencement du XIXᵉ siècle où les grandes guerres venaient de faire disparaître plus d'un million d'hommes, on voit que les vides furent promptement comblés et que la population progressa sans interruption ; aujourd'hui, en dépit de trente années de paix et avec le bénéfice des prétendus grands progrès accomplis par les théories médicales actuelles, la mortalité augmente et la natalité diminue.

Élevons donc nos enfants comme nos grand'-mères les élevaient, d'autant plus qu'avec les moyens prophylactiques de notre méthode, nous pouvons garantir de préserver l'enfant en bas âge de tous les accidents qui peuvent provenir du fait seul de son alimentation.

L'allaitement est donc naturel ou artificiel.

Dans le premier cas, c'est la *tétée* au sein de la mère ou de la nourrice et la tétée pourrait s'appliquer aussi bien à l'allaitement artificiel s'il était facile et sans inconvénient de faire prendre le lait au pis même d'une ânesse ou d'une chèvre, tels Romulus et Remus nourris par la louve.

Dans le second cas, le mode usuel est le biberon auquel nous substituons le verre.

Mais que l'enfant soit nourri au sein ou artificiellement, il doit être réglé dès les premiers jours; on doit le faire téter ou lui donner les prises de lait à des heures fixes et à des intervalles régulièrement espacés. Le premier mois, le nombre en sera de 7 ou 8 par vingt-quatre heures.

Si l'enfant dort, ne le réveillez pas parce que l'heure est arrivée de lui donner sa prise de lait, la digestion se fera mieux et il en tirera meilleur profit.

Cela doit faire comprendre qu'il faut éviter avant tout de surcharger le jeune estomac et, par suite, condamner souverainement la détestable pratique qui consiste à donner le sein à l'enfant uniquement pour calmer ses pleurs et ses cris ; en agissant ainsi, on ne fait que troubler ses fonctions digestives et le prédisposer aux vomissements et à la diarrhée.

Dans le cas où l'enfant rejetterait en tout ou en partie le lait par suite de l'intolérance de l'estomac, voir page 86 pour le moyen d'y remédier.

Nous aurons à revenir plus tard sur la quantité de lait à augmenter progressivement chaque mois, quel que soit le mode d'allaitement adopté : maternel ou artificiel.

Pour l'allaitement artificiel, nous proscrivons rigoureusement le biberon qu'il faut rendre en partie responsable de la mortalité que cause la diarrhée infantile pendant la période des grandes chaleurs, car on n'obtiendra jamais des masses une observation assez rigoureuse des soins de propreté qu'exige ce récipient chaque fois qu'il a servi.

Un autre grief, à nos yeux, est la déplorable habitude qu'ont beaucoup de gardeuses d'enfants de laisser le biberon entre les mains du bébé pour avoir moins à s'en occuper ; naturellement, ce dernier a une tendance à tenir la tétine à la bouche et par suite à prendre à tout instant, sans règle ni mesure, un lait qui s'est refroidi, sans parler de tout ce qui peut souiller la tétine au cours des ébats de l'enfant sur sa couche plus ou moins propre.

L'allaitement artificiel doit être fait au verre. Par ce mode si simple, on évitera les graves inconvénients du biberon en même temps qu'on pourra mieux régler la ration des prises de lait et observer les heures adoptées.

A six mois, il ne faut pas hésiter à modifier l'alimentation de l'enfant en remplaçant d'abord une, puis deux prises de lait par un

autre aliment tel que potages, bouillies, panades, plus tard un jaune d'œuf. Bien entendu,
la quantité donnée sera proportionnée à la
tétée supprimée.

Cette nouvelle alimentation permet d'arriver lentement et progressivement à préparer l'enfant au sevrage qui doit avoir lieu
à un an. A cet âge, le lait seul constitue une
nourriture non seulement insuffisante, mais
qui deviendrait nuisible par la quantité dont
il faudrait le gorger pour lui fournir les éléments indispensables au développement de
ses muscles et de ses os ; sans compter qu'il
favorise la pullulation des vers intestinaux,
pullulation qui, si elle n'est pas combattue et
enrayée à temps, ne tarde pas à provoquer
des manifestations morbides dont on cher-
cherait en vain la cause ailleurs.

A partir de cinq mois, on ne donnera par
nuit qu'une tétée ou prise de lait et on se
trouvera bien de la supprimer au sixième
mois ; l'enfant ne s'en portera que mieux et
certainement les parents ou la nourrice ne
s'en plaindront pas.

Il ne faut pas oublier que l'enfant à la

mamelle profite du régime hygiénique et épicé de sa nourrice, comme si on lui administrait à lui-même les médicaments ; le camphre ainsi que les condiments passent immédiatement dans le lait.

Par le même principe, pour l'enfant qui ne peut être élevé au sein, il faudrait rechercher les moyens de faire donner à la vache choisie pour lui fournir le lait, du foin saupoudré d'un peu de sel, des plantes aromatiques, des feuilles de fougère. Si dans les grandes villes c'est presque impossible; du moins ailleurs, c'est une combinaison facile à trouver.

Enfin, de temps à autre, on pourra donner à l'enfant un peu de lait dans lequel on aura fait bouillir une gousse d'ail.

En fait, la seconde enfance peut être regardée comme commençant avec le sevrage, alors l'alimentation doit être réglée à quatre repas par jour : Petit déjeuner à 8 heures ; déjeuner à midi ; goûter de 3 à 4 heures ; dîner à 6 ou 7 heures.

Entre les repas, l'enfant ne doit prendre ni liquide, ni solide d'aucune sorte, à moins, qu'à la suite de ses jeux, il ne paraisse altéré.

Le cours régulier de la digestion en serait troublé au grand détriment de la santé.

⁂

L'éruption des dents de la première dentition s'accompagne souvent d'accidents assez graves pour l'avoir fait considérer comme une époque orageuse de l'enfance.

Elle commence généralement vers le sixième mois pour se terminer au quarantième mois et compléter les vingt dents de la première dentition : huit incisives, quatre canines et huit molaires.

Pour ces trois espèces, ce sont toujours les inférieures qui percent les premières et sont bientôt suivies des supérieures correspondantes, mais toujours par paire, l'une à droite, l'autre à gauche.

Au sixième mois, apparaissent les incisives moyennes inférieures, suivies des incisives moyennes supérieures ; après le huitième mois, percent les incisives latérales inférieures, puis les latérales supérieures ; après le quinzième mois, se montrent les premières molaires inférieures, puis les supérieures ; au vingtième, viennent s'intercaler les canines inférieures, puis les supérieures ; enfin, après le vingt-huitième mois, commencent à apparaître les secondes grosses molaires.

Il y a peu d'exceptions à cet ordre dans lequel se fait l'éruption des dents de lait et on doit considérer comme des phénomènes les cas où on a vu naître des enfants avec des dents.

Souvent, c'est au moment où percent les premières dents qu'apparaissent les convulsions qui ne sont que les manifestations précoces de certaines tares constitutionnelles : épilepsie ou lésions cérébrales ; elles tiennent aux antécédents héréditaires : l'alcoolisme ou l'infection mercurielle et syphilitique des parents.

Chez le nouveau-né, une violente colère et les mouvements désordonnés que provoque la peur peuvent être pris pour des convulsions. De même, la cause peut provenir uniquement d'une aiguille ou d'une épingle qui, en blessant la peau du petit être, est en état de produire chez lui une irritabilité excessive. Nous n'avons pas besoin d'appuyer sur l'action toute spéciale des vers intestinaux pour déterminer des convulsions symptomatiques.

Mais si les convulsions se renouvellent après qu'on a supprimé la cause les provoquant chez les enfants doués d'un système nerveux trop sensible ou après avoir appliqué le traitement vermifuge et si les accès successifs sont suivis d'un retour parfait à la santé, avec absence de fièvre, il y a malheureusement fort à craindre qu'elles ne soient liées à l'épilepsie.

Chez les enfants du premier âge, il ne faut faire usage des purgatifs que dans les cas maladifs qui commandent leur emploi ; non par crainte de la diarrhée qui pourrait en résulter, ainsi que le redoutent la plupart des praticiens, mais à cause de la déperdition qu'ils provoquent inutilement, car les purgatifs, par la sérosité qu'ils entraînent, équivalent à une sorte de saignée que l'on a assez bien qualifiée de « saignée blanche ».

Il n'en est pas de même pour le *sirop de chicorée* qui est un précieux laxatif de l'enfance au cours du plus bel état de santé, parce qu'il est en même temps un vermifuge et qu'il est nécessaire pour nettoyer l'intestin et chasser les ferments qui trouvent, dans le lait caillé dans l'estomac, un terrain de culture illimité.

On fera donc bien, pour maintenir l'enfant dans un état de prospérité constant, de lui administrer, tous les deux à trois jours, le matin, une à deux cuillerées à café de sirop de chicorée et plus tard une cuillerée à soupe. S'il survenait de la constipation et qu'elle résistât à une dose double de sirop et à de petits lavements émollients, dont il ne faut du reste pas abuser, on recourrait à l'huile de ricin administrée soit pure, soit émulsionnée dans un lait de poule, à la dose d'une cuillerée à café dans les premiers mois et de 15 grammes après un an.

On ne doit recourir aux vomitifs (ipéca, sirop d'ipécacuanha ou émétique) que dans certains cas où il est urgent de débarrasser au plus vite l'estomac de l'enfant de substances toxiques ingérées ou dans le croup, lorsqu'il faut brusquer l'expulsion, par des haut-le-corps, des paquets de fausses membranes déjà neutralisées et mortifiées par nos badigeonnages à l'alcool camphré.

Mais il faut proscrire souverainement cette détestable coutume qu'ont les mères, encouragées en cela, à la vérité, par beaucoup de médecins, d'administrer un vomitif à leur enfant au moindre symptôme d'embarras des bronches et de l'estomac. Un simple purgatif suffit pour dégager l'estomac sans fatigue et même constitue un excellent dérivatif aux productions bronchiques si fréquentes chez les enfants en bas âge, qui, suivant l'expression vulgaire, ont la « poitrine grasse ».

C'est à l'abus des vomitifs chez l'enfant, dont tous les organes sont encore si tendres, si susceptibles, qu'il faut attribuer la plupart des affections organiques du cœur qui accompagnent ensuite l'homme dans tout le cours de son existence, telles qu'anévrisme et altérations des valvules.

Comment ne pas comprendre l'action funeste de ces violentes contractions de tous les organes thoraciques provoquées par les vomitifs, si on réfléchit que, sous un effort rendu encore plus énergique chez un enfant vomissant difficilement, un afflux exagéré de sang au cœur est en état d'en dilater outre mesure les cavités, de déchirer les parois jusqu'à une certaine profondeur des surfaces internes et de devenir le point de départ d'affections incurables.

Nos observations sur ce sujet nous permettent de mettre sur le compte des vomitifs administrés à tort et à travers dans la première enfance, le plus grand nombre des affections organiques du cœur qui remontent si loin dans la vie de l'individu qu'on les considère souvent comme congénitales.

Les enfants sont toujours les premiers à

respirer le mauvais air qui occupe par sa pesanteur les couches les plus basses des appartements ; il faut donc que leur chambre à coucher soit exposée au soleil, constamment aérée et tenue dans le plus grand état de propreté ; car l'enfant en jouant respire à pleins poumons les poussières qu'il soulève par ses ébats. L'air pur est pour lui, encore plus que pour l'adulte, une seconde nourriture.

Mais pour faire un nettoyage convenable, il ne faut ni balayer, ni épousseter, ce qui ne fait que déplacer la poussière ; on essuie le parquet avec un linge de coton qu'on y promène à l'aide du balai ; on essuie également les murs et les meubles et on arrive ainsi à enlever convenablement la poussière que l'on va secouer ensuite au dehors. Un bon cirage à l'encaustique, précédant ce nettoyage, est encore le meilleur moyen d'empêcher les particules poussiéreuses d'être soulevées à tout instant, en même temps qu'il est hygiénique par l'odeur aromatique qui s'en dégage.

Nous ne comprenons pas, qu'à l'heure

actuelle, on préconise les lavages qui ne servent qu'à produire justement ce qu'on veut éviter, des fermentations résultant de l'humidité qui filtre entre les lames du parquet. Dans une pièce ainsi lavée, l'odorat perçoit une émanation désagréable qui en est la caractéristique. Les lavages ne sont utiles et sains que là où existe un carrelage aux joints bien cimentés et, dans ce cas, il est nécessaire de les renouveler fréquemment.

∴

Les logements qui constituent pour l'enfant les plus pernicieux foyers de contamination, sont surtout ceux qui ont été habités par des tuberculeux et ceux qui ont été désinfectés au sublimé corrosif.

Le tuberculeux est souvent malpropre, crachant à même le sol; son séjour seul dans une chambre suffit pour y répandre les germes infectieux qui imprègnent ses vêtements dont les poches sont constamment souillées par les mouchoirs dans lesquels il crache à tout instant; enfin, par les quintes de toux, il projette une pluie de salive contaminée qui tombe partout et en séchant laisse, mèlées à la poussière, quelques particules infectieuses.

Pour l'enfant appelé à vivre dans un logement infecté au sublimé corrosif, le danger est non moins grand, car il absorbera, par ses poumons, le plus insidieux des poisons connus, qui, après ces abominables lessivages et l'évaporation de l'eau, reste à demeure à l'état de poussière impalpable déposée sur les murs, les tentures et le parquet et que le moindre mouvement soulèvera dans l'air (1).

Nous sortirions ici de notre cadre s'il fallait indiquer les moyens les plus propres à désinfecter, sans danger pour l'avenir, les logements dans lesquels ont séjourné des malades atteints de maladies contagieuses,

____

(1) On commence à s'apercevoir du danger que présente la désinfection des appartements à l'aide du sublimé corrosif et, depuis quelque temps, on a eu la sagesse de substituer à ce terrible poison, les vapeurs de soufre et le formol tout aussi efficaces et d'une innocuité complète.

mais le premier soin à prendre est d'obliger le malade tuberculeux à cracher dans un récipient permettant de détruire, deux fois par jour, les expectorations avec l'eau bouillante ou l'acide sulfurique.

De même, il n'est pas moins nécessaire de prendre des mesures prophylactiques contre les personnes atteintes de catarrhe et de laryngite chroniques greffés de longue date sur une affection syphilitique, ce qui ne les empêche pas d'atteindre un âge avancé tout en étant un foyer permanent de contagion. Nous avons eu l'exemple d'un vieillard atteint d'une affection très ancienne des voies respiratoires, qui contamina les volailles d'une basse-cour en leur distribuant du pain qu'il gardait dans ses poches souillées par ses mouchoirs. Ces volailles étaient prises d'une toux bizarre, inconnue jusque-là et dont on ne pouvait s'expliquer la cause.

Toutes ces précautions, dont il faut entourer l'enfant en bas âge pour le mettre à l'abri des contaminations par l'air qu'il respire dans les appartements, seraient illusoires si, dans bien des cas, le germe tuberculeux pouvait lui être directement communiqué par ceux qui l'entourent.

L'enfant ne doit jamais être confié aux soins d'une personne reconnue atteinte de tuberculose ; le père lui-même, s'il est tuberculeux, doit se garder de l'embrasser sur la bouche, de lui parler près de la figure, de le faire boire dans son verre ou de lui donner à manger avec sa fourchette et sa cuillère.

On évitera surtout de le laisser embrasser pour le simple plaisir de lui faire une caresse, non seulement par les parents et les personnes familières à la maison, mais surtout par les simples connaissances, dont on ignore les affections des voies respiratoires ou autres dont elles peuvent être atteintes et qui, alors même qu'elles ne seraient pas vraiment contagieuses, n'en seraient pas moins malsaines pour le petit être doué d'une réceptivité si grande et à qui il faut toujours l'air ambiant le plus pur possible.

⁂

Les enfants en bas âge ont tous l'habitude de porter à la bouche les objets qui leur tombent dans les mains ou de sucer leurs doigts qui ne sont jamais longtemps propres. Ils y sont particulièrement incités, au moment de la poussée des dents, par un besoin instinctif de mâchonner quelque chose de dur, ce qui semble les soulager.

On ne saurait trop les surveiller sous ce rapport, car bien des indispositions, qui les prennent subitement et dont on ne s'explique pas la cause, proviennent de l'ingestion qu'ils font ainsi de matières infectieuses ou toxiques.

Ne voit-on pas encore de nos jours des jouets d'enfants peints avec le vert arsenical, le vermillon et toute la série des produits tirés de la fuschine. Il n'y a pas bien longtemps que les bonbons étaient colorés avec l'aniline, et tout récemment (1901) l'empoisonnement, par des gâteaux, d'une partie de la population d'une ville du Midi, est venu démontrer que les poisons les plus violents sont couramment utilisés dans la confection des produits alimentaires. Cette affaire, dont les journaux citent à chaque instant de nouvelles rééditions, fit beaucoup de bruit sur le moment, mais tout fut bientôt calmé et cette source d'empoisonnement, bien autrement funeste que la peste et le choléra, qui soulèvent tant de bruit dans la presse au moindre cas signalé, continue à compromettre la santé des populations sous l'œil endormi du conseil de salubrité.

Il y a là, surtout pour les enfants, une cause permanente non pas seulement d'indispositions, mais de maladies mortelles qu'on s'empresse de mettre sur le compte des microbes, les fameux microbes, qui, le plus souvent, ne sont que l'effet et non la cause des maladies ; eux seuls sont visés pour l'hygiène de l'enfant et on croit l'avoir suffisamment protégé en lui donnant du lait bouilli ou stérilisé, c'est-à-dire une nourriture indigeste, difficile à s'assimiler et qui le prédispose au rachitisme, si on ne corrige pas l'insuffisance de cette alimentation par l'adjonction d'autres éléments naturels.

Donc, nous le répétons, il ne faut jamais laisser à la portée ou à la disposition de l'enfant, aucun objet qu'il puisse porter à sa bouche.

Lorsqu'à la percée des dents, on le verra éprouver le besoin d'avoir quelque chose à presser entre les gencives, on lui donnera un hochet soit en ivoire, en étain pur ou en argent, préalablement nettoyé et essuyé ensuite, mais de dimension et de forme ne permettant pas son introduction dans l'arrière-gorge. Le mieux serait de faire confectionner un hochet par la juxtaposition d'un anneau d'or et d'un anneau d'argent, ce qui constituerait une chique galvanique d'un excellent effet pour l'enfant chez lequel on soupçonne une tare mercurielle.

*
..

Chez le jeune enfant, la déperdition de calorique est très grande; mais il y supplée par une circulation plus active que dans l'adolescence et qui résulte, du reste, chez lui, de la rapidité avec laquelle s'opère le travail de la nutrition. Il faut donc le tenir bien couvert et éviter surtout qu'il puisse être atteint au ventre par le froid.

Le maillot est toujours le vêtement le mieux approprié pour le nouveau-né, mais non le maillot de jadis qui l'emprisonnait au point de lui gêner la respiration en entravant le jeu régulier de la cage thoracique.

Le système d'emmaillotement se compose de quatre pièces : une *chemisette* courte ne descendant pas plus bas que les reins en toile ou en coton très fin ; une *brassière* soit en molleton ou en piqué ; une *couche* de toile très douce, enfin un *lange* en laine pour les temps froids et en coton pour l'été.

Leur mode d'emploi est trop connu dans les familles pour que nous nous y arrêtions davantage. Nous recommanderons seulement de serrer l'enfant le moins possible de manière à lui laisser libres les mouvements des jambes. De plus, on devra changer la couche aussitôt qu'elle sera souillée.

Pour le jour, on ajoutera par-dessus le maillot une robe longue.

Une bonne coutume consiste à laisser l'enfant tête nue dans l'appartement ; on ne la lui couvrira d'un petit bonnet que la nuit ou pour la garantir contre le froid.

Lorsque l'enfant a deux mois en été et

trois mois en hiver, on doit abandonner le maillot pour le remplacer par un vêtement qui présente l'avantage de laisser les mouvements beaucoup plus libres. La *chemisette* et la *brassière* sont conservées, mais la *couche* de forme triangulaire est repliée de façon à laisser les cuisses entièrement dégagées ; le fond est garni d'un carré de molleton pour absorber l'urine ; enfin, le *lange* est remplacé par une pièce disposée de façon qu'elle forme, une fois repliée sur la couche, une sorte de culotte, ou mieux par la couche-culotte anglaise boutonnée. Avec des bas et des chaussons de laine et revêtu de sa robe longue, l'enfant est amplement protégé contre les variations de la température et n'est gêné dans aucun de ses mouvements.

Quand on le prend dans les bras, il faut le soutenir sous l'aisselle et veiller à ce que sa tête ne se rejette pas en arrière.

Aussi souvent que la température ambiante le permettra, on laissera l'enfant nu gigoter librement soit dans son berceau, soit sur une couche moelleuse étendue à terre ; il prendra ainsi un véritable bain d'air, en même temps qu'il profitera d'un excellent exercice.

∴

Toutes les fois qu'on en aura la possibilité, on devra remplacer pour la couchette de l'enfant, la balle d'avoine et le varech habituellement employés, par les feuilles de la fougère mâle aussi bien que de la fougère femelle. Ces feuilles ont la propriété de chasser les insectes, et Pline, qui en conseillait déjà l'emploi il y a près de deux mille ans, ajoutait qu'à leur action contre les punaises et les puces, elles joignaient l'avantage d'éloigner les reptiles.

Enfin, tout ce qui garnit le berceau devra toujours être tenu dans le plus grand état de propreté et la paillasse sera renouvelée dès qu'elle aura été mouillée d'urine.

On a préconisé pour l'enfant en bas âge différents systèmes de couchage dont le meilleur ne vaut certainement pas celui qui est dans l'usage courant. Nous mentionnerons, en le qualifiant de détestable en dépit de la recommandation qu'en ont faite un certain nombre de médecins, celui désigné sous le nom d'*élevage dans le son*. Il consiste à mettre l'enfant, la partie supérieure du corps seulement couverte d'une courte brassière, plongé à même dans le son, ce qui permet, d'après les inventeurs de ce singulier système, à l'urine et aux matières fécales de s'y englober et de pouvoir en être retirées au fur et à mesure.

Ce serait là le couchage idéal par sa grande simplicité, puisqu'il supprimerait pour la nuit la couche et le lange ; seulement, les auteurs de ce procédé plus ingénieux que pratique, n'avaient oublié qu'une chose ou plutôt l'ignoraient, c'est que le son constitue un excellent terrain de culture pour une foule d'animaux et s'ils avaient pris la peine d'examiner avec un peu d'attention leur *couchette*, après un usage à peine de quarante-huit heures, ils y auraient trouvé, entre autres animalcules y prospérant, des légions d'acares tels que le *tyroglyphus siro* et le *tyroglyphus longior*.

De plus, nous rappellerons en passant l'état toujours poussiéreux du son, ce qui suffit immédiatement à faire entrevoir les graves inconvénients qui en résulteraient pour les pores de la peau, les cavités naturelles et même les voies respiratoires.

On se demande comment de pareilles conceptions peuvent germer dans l'esprit des médecins au moment même où l'on fait une guerre acharnée aux microbes, souvent avec une exagération telle qu'elle en arrive à friser le ridicule.

∴

La syphilis, généralisée de nos jours dans toutes les classes de la société, sous des formes et avec des manifestations qui peuvent bien souvent tromper sur sa nature même, la syphilis, disons-nous, peut atteindre l'enfant soit au cours de sa vie fœtale, soit après sa naissance.

Dans le premier cas, la syphilis est héréditaire, dans le second, elle est acquise.

La syphilis héréditaire sera d'autant plus funeste pour l'enfant, que ses générateurs en auront été atteints bien avant sa conception, parce qu'alors il naîtra avec toutes les apparences d'une constitution saine ; tandis qu'en réalité, il portera en lui une diathèse qui, ignorée, ne sera pas combattue et qui, par la suite, l'accompagnera dans le cours de son existence, ne se révélant souvent chez la femme, par les manifestations les plus graves, qu'à l'époque où elle approche de l'âge critique.

Si, au contraire, la mère est atteinte de syphilis au cours de la gestation, son enfant viendra mort avant terme, ou s'il parvient quand même à naître normalement, il apparaîtra avec des signes non équivoques, tel que nous l'avons dépeint au début de ce petit livre ; ce qui permettra de prendre immédiatement des mesures pour le purifier de ce vice originel, grâce à un traitement dépuratif auquel viendra en aide sa rapide croissance.

De même, la syphilis acquise, sera moins redoutable que la syphilis héréditaire latente, parce qu'elle sera immédiatement reconnue et soignée à temps.

Le nouveau-né sain peut gagner la syphilis

de sa nourrice par l'allaitement ou par un autre enfant contaminé avec lequel il est mis en contact. D'autant plus doit-il être contaminé, si la mère a gagné la syphilis après sa naissance.

La nourrice, de son côté, gagnera la syphilis en donnant le sein à un enfant syphilitique.

Il faut donc apporter la plus grande attention dans le choix d'une nourrice, mais il faut aussi que cette dernière ne soit pas exposée à être contaminée par le nourrisson qu'on lui donne. Quand un tel fait se produit, les parents et le médecin doivent encourir la plus sévère responsabilité.

Tout enfant suspect d'être atteint de syphilis héréditaire et encore plus quand il apparaît avec tous les symptômes de la maladie, doit être nourri artificiellement avec le lait de chèvre. Il arrivera ainsi à se purifier peu à peu, grâce au développement incessant et progressif des cellules de son organisme sous l'action d'une nourriture essentiellement régénératrice.

On doit donc réprouver comme un crime

de lèse-nature, le fait de laisser l'enfant syphilisé au sein de la mère syphilisée ou de lui chercher une nourrice également syphilitique. On perd ainsi à jamais la possibilité de le purifier, puisqu'on continue à lui verser, au cours de sa croissance, l'infectieux principe de la contagion.

Enfin, qu'on n'oublie pas que l'enfant peut être contaminé par les domestiques parmi lesquels la syphilis est si fréquente ; on ne saurait donc apporter trop de vigilance autour de lui pour le soustraire à des promiscuités suspectes et dangereuses.

.:.

A l'heure actuelle, de toutes les causes infectieuses qui menacent l'enfant en bas âge. la plus sérieuse par ses effets ultérieurs découle de l'emploi du mercure dans la thérapeutique.

Nous avons parlé des appartements où le sublimé corrosif a été répandu à profusion sur les murs, les parquets, les plafonds sous la hantise des microbes qui ne sont pernicieux que là où ils trouvent un terrain préparé pour s'y établir, tandis que le sublimé, qui circule dans l'air en poussière impalpable, a d'autant plus d'affinité qu'il se trouve en contact avec les tissus les plus sains et en pleine activité de croissance. Son action sera plus funeste sur les organismes vigoureux que sur les constitutions chétives et déjà maladives.

L'enfant subit de plus l'infection mercurielle par suite des injections et des lavages au sublimé corrosif que les sages-femmes pratiquent avec une inconscience qui n'a d'égale que leur croyance aveugle dans la doctrine pasteurienne. Mais où cela devient de la folie, c'est lorsque sous l'ironique prétexte de l'hygiène, on prodigue au pauvre nouveau-né le sublimé de façon à le lui faire absorber directement par les muqueuses et les pores de la peau.

Nous n'inventons pas ces abominations : les bains antiseptiques au sublimé corrosif sont journellement ordonnés pour obtenir un bon nettoyage de la peau des enfants. Pour les nouveau-nés, la dose de sublimé est de 2 grammes par bain. A l'hospice des

Enfants-Assistés, on prescrit le terrible poison sous forme de liqueur de Van Swieten à la dose d'un litre pour quatorze litres d'eau.

Enfin, et ceci dépasse l'imagination, pour assainir la bouche du nouveau-né et la débarrasser des ferments que le lait peut laisser entre les parois buccales et les gencives, des médecins conseillent de la leur nettoyer avec un petit linge imbibé d'une solution au sublimé !

Nous avons maintes fois parlé des affections souvent repoussantes que peut engendrer l'infection mercurielle dont les manifestations, de l'aveu même des plus fervents partisans des mercuriaux, peuvent se traduire par des ulcères les plus sanieux et les plus fétides. Nous avons signalé des cas où se déclaraient des stomatites mercurielles à la suite d'une seule friction sur le mollet avec l'onguent gris.

Il n'est pas inutile de rappeler, à ce sujet, que le professeur Trousseau, qui fut un des irréductibles préconiseurs du mercure en médecine, cite dans son *Traité de thérapeutique*, le cas d'une femme atteinte de salivation mercurielle à la suite d'une cautérisation du col de la matrice avec le nitrate acide de mercure ; celui d'une autre jeune femme qui fut prise d'une violente stomatite après avoir fait une seule injection vaginale avec une solution de 30 centigrammes de sublimé pour 500 grammes d'eau chaude. Et le professeur Trousseau décrit ainsi avec complaisance la stomatite mercurielle :

« Les gencives se gonflent et s'ulcèrent, les dents s'ébranlent et tombent quelquefois, la langue se tuméfie et s'ulcère, la membrane interne des joues se boursoufle et s'excorie, et il n'est pas rare de voir enfin les alvéoles se nécroser et les difformités les plus graves en être la conséquence. »

Et c'est ce terrible poison de l'organisme que les médecins conseillent en bains généraux et en lavages de la bouche pour les nouveau-nés ! Véritablement, tant d'inconscience en devient criminelle.

.·.

Nous ne pouvons terminer ces considérations générales sur les questions qui intéressent la première enfance, sans dire un mot de la vaccine dont la malheureuse application a été tant de fois funeste aux enfants.

Cette pratique, qui n'a rien de scientifique, qui est basée uniquement sur une croyance aveugle que Jenner est allé prendre chez les montagnards écossais, est non seulement pour les petits êtres une cause d'infection du sang, mais elle produit souvent dans leur organisme une dépression des forces vitales qui n'est pas sans avoir une influence fâcheuse sur leur développement et leur santé dans l'avenir.

Combien de mères n'ont-elles pas été à même de constater le changement survenu chez leurs enfants à la suite de la vaccine : florissants avant, malingres, souffreteux après exigeant des soins assidus pour reprendre les apparences de la santé.

C'est qu'on ne joue pas impunément avec cette introduction immédiate dans le sang d'un produit que nous défions de considérer autrement que comme un produit de nature putride.

Nous ne sommes pas seul à juger que « l'action de la vaccine se résume en un affaiblissement et en une déchéance de la vitalité de la cellule organique, proportionnels bien entendu à la quantité de virus inoculé, au nombre des inoculations répétées, c'est-à-dire, qu'elle a pour conséquence un empoisonnement du terrain, lequel réagissant à son tour sous l'influence des causes les plus vulgaires, froid, chaud, variations atmosphériques, produit cette exagération de toutes les maladies infectieuses que nous constatons de nos jours et dont la grippe n'est que l'expression générale. »

Et le Dr Boucher, de Vanves, termine ainsi une communication sur la vaccine faite à la Société médicale des Praticiens de Paris :

« Je suis certain, Messieurs, que beaucoup d'entre vous maintenant me comprennent et que les temps ne sont pas loin où tous vous serez avec moi, puisque tous vous admettez que l'alcool, que la misère, que les excès, que tout ce qui affaiblit le terrain, tout ce qui pollue le terrain, est une cause de tuberculose. Et dès lors, ce geste de vaccinateur semant à toute volée dans les économies humaines des semences issues d'ulcères, geste que tous nous avons reproduit parce qu'il venait des ancêtres, parce qu'il nous avait été légué par nos prédécesseurs terrifiés par les officiels, suggestionnés par les pontifes, ne nous apparaîtra plus désormais comme un geste de rédemption, mais au contraire comme un signal de mort et de destruction. »

En dépit des discussions qui occupèrent jadis de nombreuses séances de l'Académie de médecine, pour savoir si le *cow-pox* (éruption au pis de la vache) ne provenait pas d'une transmission, par les mains des vachers, d'une affection des chevaux connue en Angleterre sous le nom de *horse-pox* et en France sous celui *d'eaux grasses aux jambes,* il n'est pas, à l'heure actuelle, un seul des plus enthousiastes partisans de la vaccination et de la revaccination à jet continu, qui soit capable de répondre à ces deux interrogations :

Qu'est-ce que le virus vaccin ; comment agit-il contre la variole plutôt que contre toute autre maladie éruptive ?

Après Hebra, qui avait trouvé un grand

rapprochement entre le virus de la syphilis et celui de la vaccine, les Drs Hubert Boëns, de Bruxelles et Gédeon, de Berlin, déclarèrent que le vaccin de Jenner est uniformément le même partout : chez les enfants, au pis des vaches, aux jambes des chevaux, « il est syphilitique, rien que syphilitique ».

Le Dr Boëns concluait : « Vacciner et revacciner, c'est inoculer à un degré quelconque, tantôt bénin, quand le vaccin s'est affaibli et modifié par de nombreuses évolutions ; tantôt grave, mortel même quelquefois : c'est inoculer la syphilis. »

L'apparition du *cow-pox* sur le pis des vaches ne s'explique-t-elle pas tout naturellement par les mains malpropres de gens atteints de syphilis.

Pour nous, tout en nous rangeant à cette opinion qui donne au vaccin une origine infectieuse, nous avons montré comment des observations probantes nous avaient conduit à considérer le virus vaccin et celui de la syphilis comme ayant une origine commune: le mercure. On trouvera dans notre brochure ; *La vaccine aussi inutile que dange-*

reuse, tous les développements à ce sujet, de même que les exemples d'affections constitutionnelles généralisées par la vaccine et on pourra comprendre alors les raisons qui nous ont amené, de partisan de la vaccine que nous étions, à devenir son plus irréductible adversaire.

Ce qu'on ne peut nier, c'est que le virus vaccin peut évoluer en même temps que le virus variolique ; d'où il ressort la preuve manifeste de la différence de nature des deux virus.

Tout récemment, un jeune homme entre dans un hôpital de Paris pour y subir une légère opération ; on le vaccine, en raison de la présence de varioleux dans cet établissement. Il n'en gagne pas moins la variole et meurt en quelques jours. Enfin, on peut rappeler certaines épidémies de cette maladie qui se sont déclarées justement dans des localités dont les habitants venaient d'être soumis à une généreuse revaccination.

Nous terminerons par cette suggestive constatation : Jenner, l'apôtre de la vaccine, dont l'application a fait naître cette doctrine néfaste qui consiste à traiter préventivement et curativement les maladies par les inoculations de produits fermentescibles et infectieux, Jenner n'a pas voulu soumettre son fils à l'épreuve de la vaccine!

HYGIÈNE ET PROPHYLAXIE

de la Mère et de l'Enfant

L'hygiène du nouveau-né doit commencer pendant le cours de sa vie fœtale, grâce au régime que devra suivre la mère et aux soins qu'elle prendra surtout dans les derniers mois de la gestation.

Bien entendu, il ne s'agit ici que de la femme chez laquelle n'existe aucune tare apparente, ni aucun symptôme de maladie, auxquels cas elle devrait se soumettre à un traitement spécial approprié toutefois à son état de grossesse, traitement qu'elle trouvera dans le *Manuel annuaire de la santé,* dont ce petit traité ne peut être qu'une annexe

spécialement attribuée à l'hygiène de la première enfance.

I

GESTATION

F.-V. Raspail a dit non sans raison : « La
femme active et laborieuse accouche facilement; la femme de loisir et inactive se prépare des accouchements difficiles et malheureux. »

Si, en effet, on remonte loin dans le passé,
pour se reporter à l'époque où l'homme
vivait pour ainsi dire à l'état sauvage, la
femme, dont rien n'entravait ou n'altérait la
toute puissance procréatrice, ne faisait, en
portant neuf mois dans ses entrailles et en
mettant au monde un enfant, qu'accomplir
une simple fonction naturelle ; tout au plus
subissait-elle un court arrêt dans son activité,
car elle reprenait bien vite ses occupations
journalières, ses organes étant pour ainsi
dire rentrés instantanément dans leur état
normal.

Telle nous voyons, chez les mammifères sauvages, la femelle conserver, à l'instant même où elle vient de mettre bas ses petits, toutes ses facultés défensives lui permettant immédiatement de supporter les fatigues d'une longue course qu'il lui faut souvent entreprendre pour fuir un danger ou l'écarter de ses jeunes.

La civilisation est venue modifier cet état de choses, en amenant une dégénérescence progressive dans les fonctions procréatrices de la femme. Progrès à rebours qui a pour conséquence de transformer la grossesse en une sorte de maladie locale d'où découlent d'autres maladies, quand l'accouchée ne succombe pas aux suites d'un acte jadis si inoffensif.

L'oisiveté et l'abus des plaisirs de la classe opulente, les misères physiques de la classe qui doit user ses forces pour arriver à gagner le pain quotidien et que le découragement amène trop souvent à tomber dans les vices et la débauche ; l'action altérante, pour l'une comme pour l'autre, de la médecine des poisons, la vaccine et surtout l'introduction dans le sang, sous le nom de sérums, d'éléments fermentescibles dont on ignore l'action évolutive ultérieure : toutes ces causes, en un mot, préparent des générations qui finiront par devenir incapables. de mener à bonne fin le produit d'une. fécondation étiolée.

Un bon vent soufflera-t-il sur notre société frivole et égoïste pour dissiper ces sombres appréhensions de l'avenir ? Nous le souhaitons, hélas sans grand espoir. Mais en attendant une heureuse transformation sociale, nous indiquerons le régime dont la longue pratique de la méthode nous permet d'assurer à la femme qui le suivra avec régularité, des couches faciles et heureuses.

RÉGIME DE LA FEMME ENCEINTE

Par cela seul qu'elle est enceinte, la femme ne changera pas le régime alimentaire qui lui est ordinaire ; toutefois, elle en écartera les aliments qui, par leur nature, sont d'une digestion toujours difficile, tels que la viande de porc, les viandes fumées, les ragoûts et surtout les crudités. Elle devra s'abstenir de toute boisson alcoolique et ne faire usage à ses repas que d'eau rougie ou de la boisson spéciale à la contrée qu'elle habite.

Les vêtements confectionnés de façon à la garantir absolument du froid, ne devront la gêner nulle part, surtout ne lui serrer ni le ventre ni les seins.

Le corset à baleines rigides sera sévèrement proscrit.

Excepté pendant les chaleurs de l'été, la femme devra toujours porter un pantalon large, léger et chaud tout à la fois pour éviter que l'air ne pénètre trop librement jusqu'aux parties génitales, ce à quoi prédispose le développement du ventre qui écarte les jupons en avant.

Dans les derniers mois, lorsque le ventre devient lourd à porter, il est utile de faire usage d'une ceinture pour le soutenir ; de même, un demi-corset sans baleines ou le corset spécial, si courant aujourd'hui, devra servir à maintenir les seins surtout quand ils prennent un volume et un poids considérables.

La femme de la campagne est, en pareille circonstance, celle qui se trouve dans les meilleures conditions de prospérité ; tout son organisme profitera de l'activité qu'elle déploie dans son intérieur, même des travaux des champs auxquels certaines se livrent, sans inconvénient, jusqu'à la dernière heure. Cet exercice varié et journalier au grand air, régularise l'hématose, la circulation, lui prépare des couches faciles et elle ne sera que bien rarement affligée de varices.

L'ouvrière des villes et surtout des fabriques se trouve au contraire dans les plus déplorables conditions d'hygiène pour l'évolution embryonnaire de l'enfant. L'air vicié qu'elle respire, le surmenage d'un travail pénible et continu, exécuté la plupart du temps dans la station assise qui prédispose aux congestions et par suite à toutes les affections utérines, le manque de tout bien-être et de soins qui pourraient atténuer les effets pernicieux de cette vie de misère, toutes ces causes dépressives la conduisent anémiée et appauvrie à donner le jour à des enfants chétifs, à peine viables.

Dè toutes les réformes encore à l'état d'utopies, la plus urgente serait celle qui permettrait à la femme ouvrière de se reposer deux ou trois mois avant le terme de sa grossesse. On ferait ainsi de la puériculture effective en même temps qu'œuvre d'humanité.

La femme riche, dont l'existence se passe dans l'oisiveté et les plaisirs, ne sera pas mieux partagée, surtout si, dans les premiers mois, elle cherche à dissimuler le développement de son ventre par un corset qui la sangle et lui comprime les viscères, si elle ne renonce pas aux soirées prolongées dans la nuit, à la danse et surtout à l'équitation, exercices trop violents dont les secousses sont toujours préjudiciables, quand elles n'amènent pas l'avortement entre le deuxième et le quatrième mois.

Donc, la femme enceinte qui se donnera du mouvement dans son intérieur, qui fera des promenades répétées au grand air, à pied bien entendu, se rapprochera de la femme robuste des champs et, comme elle, donnera naissance à un enfant bien constitué et déjà préparé physiquement à la lutte pour la vie.

On ne doit pas oublier que le moral et les passions jouent un grand rôle dans l'état physiologique de la femme ; d'autant plus, quand elle est enceinte, est-il nécessaire qu'elle puisse maintenir ses facultés affectives dans un calme parfait. La colère, la frayeur, le chagrin, tout aussi bien qu'une joie trop vive, sont en état de provoquer un avortement. De même, pendant la gestation, la femme devra être très sobre de rapports sexuels, car il y a là une cause fréquente de fausses couches dans les deuxième et quatrième mois et d'accouchement prématuré dans les derniers mois, l'utérus ne demandant que la plus légère cause d'excitation pour entrer en travail.

La constipation est la grande torture de la femme dans les derniers mois de la grossesse et l'accumulation des matières fécales dans le gros intestin peut amener des troubles sérieux du côté de l'utérus ; il lui faudra donc éviter cet état par les lavements et les laxatifs que nous indiquons plus loin ; de même elle ne devra jamais résister trop longtemps, pour la même raison, au besoin d'uriner.

La femme ne prendra pas de pédiluves chauds pendant toute la durée de sa grossesse ; elle se contentera d'un rapide lavage des pieds à l'eau tiède, et elle devra éviter de mettre les mains à l'eau froide.

Chaque semaine, elle se trouvera bien de prendre un grand bain sédatif d'une durée de quinze à vingt minutes, à moins qu'elle n'ait jamais pu supporter les bains généraux, ce qui est assez fréquent.

Ce bain, dont la température ne devra jamais dépasser 36° centigrades, est composé comme il suit :

Eau environ.................... 160 litres
Ammoniaque camphrée........ 0 kgr 200
Sel marin.................... 2 kilog.

On met le sel en même temps que l'eau dans la baignoire, puis, au dernier moment, on vide sous l'eau le flacon d'ammoniaque pour éviter l'évaporation.

Les bains sédatifs ont une action puissante sur l'organisme par l'action du sel marin et surtout de l'ammoniaque; ils rendent à la circulation le rythme de l'état normal, ils rafraîchissent le sang et délassent en même temps qu'ils accroissent la souplesse des parties génitales externes.

La femme veillera, surtout vers les derniers mois, à se tenir le ventre libre avec des quarts de lavements préparés comme il suit :

Eau......................	1 litre.
Graines de lin............	5 grammes.
Roses de Provins..........	5 —
Sel gris de cuisine........	10 —

Après une ébullition de dix minutes, ajouter en retirant du feu :

Huile camphrée............	5 grammes.

Au moindre symptôme de constipation, elle prendra, au repas du soir, gros comme un grain de blé d'aloès avec une pincée de rhubarbe en poudre.

Elle fera usage des injections à l'eau quadruple (1) trois fois par semaine, puis tous les jours à partir du septième mois.

De même, à partir de ce moment, elle se fera faire, chaque soir, en se couchant, des lotions à l'eau sédative sur toute l'étendue du dos et des reins, suivies d'une friction à la pommade camphrée et terminées par une simple lotion avec de l'alcool camphré ou de l'eau de toilette.

La femme qui aura suivi avec régularité ces prescriptions, sera assurée d'éviter les accidents puerpéraux si fréquents et toujours si redoutables quand ils ne sont pas combattus par notre méthode ; elle arrivera à mettre heureusement au monde l'enfant dont nous allons nous occuper spécialement, renvoyant au *Manuel annuaire de la santé* pour les soins qui devront être donnés à la mère et le traitement à suivre pendant et après l'accouchement.

(1) L'eau quadruple se prépare en mettant dans un litre

Sulfate de zinc...................... 4 grammes
Sel marin........................... 15   —
Aloès...................... } à à... 0, 50 centigr.
Goudron de Norvège........ }

et en le remplissant ensuite avec précaution d'eau bouillante.

II

SOINS A DONNER AU NOUVEAU-NÉ

Avant de nous occuper de l'enfant qui naît bien portant, nous indiquerons les moyens auxquels il faut recourir sans retard, quand il apparaît tout violacé, la face turgescente, sans respiration, présentant en un mot toutes les apparences de la mort.

C'est qu'alors il s'est produit chez lui, pendant le travail, une véritable asphyxie par suite de la suspension de la respiration placentaire causée soit par une compression trop longue du cordon ombilical, soit par le décollement prématuré du placenta, soit enfin par une rétraction trop brusque de l'utérus, après la sortie des eaux de l'amnios, amenant un trouble dans la circulation avec le placenta.

L'enfant ainsi asphyxié peut souvent être ranimé ; il n'en est pas de même lorsqu'il sort avec l'aspect de la mort, décoloré, les téguments flasques ; en ce cas, ou il est déjà mort depuis longtemps, ou l'asphyxie pendant le travail a été trop brusque pour qu'on ait chance de le sauver.

Si donc, on se trouve en présence d'un enfant violacé et asphyxié, la première chose à faire est de couper le cordon à 5 centimètres et de laisser couler la valeur de deux cuillerées de sang avant de le lier à 4 centimètres au plus.

Dans bien des cas, cela suffit à établir la respiration en faisant cesser l'engorgement veineux du cerveau et des poumons. Cependant, si ce résultat ne se produisait pas, on s'empresserait de le lotionner sur tout le corps avec de l'eau sédative et on n'hésiterait pas, pour tenter d'exciter la muqueuse pulmonaire, à lui appliquer la bouche contre la sienne, de façon à lui insuffler directement de l'air et à lui dilater le larynx, par un mouvement alternatif d'inspiration et d'expiration que l'on reproduirait sept à huit fois par minute.

On peut aussi avoir recours à l'insufflation d'air oxygéné à l'aide du tube laryngien de Chaussier, mais ce procédé ne peut être appliqué que par un praticien.

Enfin, on essayerait également de plonger le nouveau-né dans un bain sédatif chaud si on avait la possibilité de le préparer immédiatement.

Nous signalerons encore les tractions rythmées de la langue qui ont donné des résultats inattendus dans des cas d'asphyxie avec toutes les apparences de la mort. Ce procédé consiste à saisir la langue avec un linge, à la tirer hors de la bouche, puis à la laisser rentrer et cela 15 à 16 fois par minute. On est arrivé ainsi, dans des cas absolument désespérés, à ramener les mouvements respiratoires au bout d'une heure de persistance à pratiquer ces tractions.

∴

Heureusement, le cas que nous venons d'envisager est relativement rare; dans l'immense majorité des accouchements parvenus à terme, l'enfant naît normalement.

Dès qu'on s'est assuré qu'il respire bien, on

procède immédiatement à l'aide d'un fil ciré à la ligature du cordon à 3 ou 4 centimètres de l'ombilic ; puis, après un double nœud, on coupe le cordon ombilical d'un coup de ciseau à un centimètre au delà de la ligature et on tranche les deux bouts du fil excédant le nœud.

Il sera toujours prudent de songer à la possibilité d'une hernie ombilicale congénitale et, avant de procéder à la ligature du cordon, de s'assurer qu'il ne s'y trouve pas engagée une portion d'intestin.

Une fois cette petite opération terminée, on lavera l'enfant à l'eau tiède à laquelle on aura ajouté une cuillerée d'alcool camphré ou d'eau de toilette par litre d'eau. Cela suffit pour le débarrasser du sang et des mucosités dont il est souillé ; mais, s'il existe une couche épaisse de matières cérumineuses, il faut d'abord frotter le corps avec un peu de pommade camphrée et l'essuyer avec un morceau de flanelle très douce. Ce nettoyage devra être fait le plus rapidement possible, puis, après avoir couvert la tête et le thorax du nouveau-né, on procédera au pansement du tronçon amputé du cordon ombilical.

Ce pansement consiste à passer ce tronçon à travers la fente d'un petit carré de linge enduit de cérat camphré que l'on applique sur l'ombilic, à recouvrir le linge d'un coussinet de charpie également enduit de cérat camphré sur lequel on enroule le cordon et à maintenir le tout en place au moyen d'une bande passée autour des reins.

Ce pansement sera fait chaque soir, bien qu'il n'y aurait pas d'inconvénient à n'y toucher que le cinquième jour. Généralement, au bout de ce temps, le cordon sphacélé s'est détaché tout naturellement ; il suffit alors de renouveler pendant six à sept jours sur l'ombilic un petit carré de linge enduit de cérat camphré pour terminer la cicatrisation.

Lorsque l'enfant est emmailloté, mais de façon, ainsi que nous l'avons dit précédemment, qu'il ne soit serré sur aucune partie du corps, on le tiendra un instant le corps penché, la tête en bas, pour lui faire rendre les glaires qu'il pourrait avoir dans la gorge. Cela fait, on le couchera dans son berceau en le plaçant sur l'un ou l'autre côté du corps, car, sur le dos, il n'arriverait pas à expulser les quelques mucosités glaireuses qui lui resteraient encore.

On ne lui donnera que quelques cuillerées à café d'eau sucrée tiède, tant que le *méconium* n'aura pas complètement vidé les intestins ; généralement, la première défécation se produit douze ou quinze heures après la naissance; mais si elle tardait plus de vingt-quatre heures, on administrerait à l'enfant une cuillerée (12 à 15 grammes) de sirop de chicorée.

Nous ne sommes pas partisan de présenter de bonne heure l'enfant au sein de la mère pour lui faire prendre un peu de *colostrum*, sérosité qui précède souvent pendant quarante-huit heures la sécrétion du lait. Ce *colostrum*, à la vérité, sert de laxatif et amène plus vite l'expulsion du *méconium*, mais cette action même nous le fait considérer comme un produit plutôt morbide que sain.

*⁎
* *

Lorsqu'un enfant naît avant terme, on

procède très rapidement à la ligature du cordon comme nous l'avons indiqué ; cela fait, on le plonge dans un bain sédatif chaud pendant 5 minutes ; une fois essuyé, on le frictionne devant un bon feu avec un peu d'alcool camphré ou d'eau de toilette.

Il sera nécessaire de l'habiller très chaudement et de maintenir autour de lui, dans son berceau, une température égale à l'aide de bouteilles d'eau chaude. Pour les parents pouvant faire cette dépense, le mieux est de placer l'enfant, jusqu'au neuvième mois, dans un de ces appareils qu'on désigne sous le nom de *couveuses*, qui sont d'un usage courant dans les hôpitaux.

S'il était trop faible pour prendre le sein, on lui donnerait du lait de la mère ou de la nourrice préalablement recueilli dans une cuillère chauffée suffisamment pour que le lait ne se refroidisse pas.

III

ALLAITEMENT

L'allaitement comprend le mode de nourriture de l'enfant jusqu'au moment où on le sévrera.

Il est *naturel* quand l'enfant est nourri au sein ; il est *artificiel* quand il se fait avec le lait animal (vache, chèvre ou ânesse).

ALLAITEMENT MATERNEL

La mère ne conservera sur elle, en allaitant, aucune odeur de médicaments et encore moins de parfumerie ; elle doit pour ainsi dire ne sentir que le lait ; autrement, on verrait le nourrisson non seulement refuser le sein, mais rejeter la tète en arrière avec opiniâtreté, en poussant des cris qu'on serait tenté d'attribuer à des atteintes convulsives.

Elle ne donnera la première tétée que lorsque le nouveau-né aura évacué tout le *méconium*. Jusque-là, il ne sera nourri qu'avec des cuillerées à café d'eau sucrée tiède.

Dans l'intervalle, nous conseillons de soutirer une partie du *colostrum*, le premier lait que sécrètent les glandes mammaires aussitôt après l'accouchement, à l'aide d'une simple pipe de terre à long tuyau que l'on peut se procurer facilement partout, mais qu'on aura soin préalablement de passer à l'eau bouillante. On applique le fourneau sur le mamelon, puis par le bout du tuyau, on aspire et on laisse couler le liquide amené en soulevant un peu le bord du fourneau. Par ce moyen, la sécrétion du lait sera activée, les conduits galactophores mis en fonction et le mamelon tout préparé pour faciliter la succion du nouveau-né.

Dès les premiers jours, les tétées devront être réglées comme il suit, ne dépassant pas huit par vingt-quatre heures ; six dans le jour et deux dans la nuit jusqu'au cinquième mois.

Premier et deuxième mois, toutes les deux heures ; troisième au cinquième mois, toutes les deux heures et demie ; cinquième au sixième mois, toutes les trois heures ; du sixième au dixième mois, toutes les trois heures et demie.

Après le sixième mois, on supprimera la tétée de nuit.

Ne rien donner dans les intervalles des tétées.

Il faut bien se convaincre que la rareté des repas, même chez le nourrisson, est indispensable pour le fonctionnement régulier de l'estomac. Pour cette raison, on se trouvera toujours bien de ne pas réveiller l'enfant sous prétexte que l'heure de la tétée est arrivée ; il ne perdra rien, dans ces conditions, à la prendre une demi-heure et même une heure plus tard.

Quant à la quantité de lait à donner à chaque tétée, il faut s'en rapporter à l'enfant lui-même qui ne prendra généralement pas plus qu'il n'a besoin.

On a voulu établir un moyen de déterminer ces quantités à l'aide de la pesée de
l'enfant avant et après chaque tétée, mais
c'est là un procédé peu pratique et qui du
reste ne saurait être qu'approximatif.

Comme règle, on ne laissera jamais l'enfant au sein plus d'un quart d'heure.

ALLAITEMENT PAR UNE NOURRICE ÉTRANGÈRE.

Naturellement, mêmes prescriptions à observer que pour l'allaitement maternel.

On veillera toutefois à ce que la nourrice
ne s'en écarte pas et qu'elle ne cherche pas
à se débarrasser de son lait en excès, en
suralimentant l'enfant, ce qui ne tarderait pas
à se traduire chez lui par des troubles gastriques et intestinaux.

Les conditions que doit remplir une bonne
nourrice sont tellement multiples qu'il est
pour ainsi dire impossible de nos jours de
les trouver réunies chez une seule.

On cherchera tout d'abord à connaître son
état de santé du moment, puis si elle n'a

pas d'antécédents pathologiques et c'est bien entendu un médecin qui sera appelé à procéder à cet examen.

Elle ne devra pas avoir atteint trente-cinq ans ni être accouchée depuis moins de trois mois ou plus de six. Les seins devront être fermes, à veines développées, pleins de nodosités, avec les mamelons bien sortis et perforés d'orifices multiples. Enfin, elle devra présenter comme carnation toutes les apparences d'une florissante santé.

Nous ajouterons que les nourrices chez lesquelles les menstrues sont revenues, peuvent amener chez le nourrisson, au moment des règles, des troubles gastriques qui, chez certains, se prolongent et deviennent inquiétants ; dans ce cas, le changement de la nourrice s'impose.

Plus encore que celui de la femme enceinte, le régime alimentaire de la nourrice, que ce soit la mère ou une étrangère, devra être étroitement surveillé. On lui interdira d'une façon absolue les liqueurs alcooliques qui auraient les plus fâcheuses conséquences sur la santé du nourrisson,

ALLAITEMENT ARTIFICIEL.

On appliquera à ce mode d'allaitement la même rigoureuse réglementation que pour l'allaitement au sein.

Le lait animal (1) sera donné au verre, ce qui a l'avantage de permettre de régler exactement la quantité dont chaque prise doit se composer, soit :

Pour le premier mois, 4 cuillerées à soupe; pour le deuxième mois, 5 à 6 cuillerées; pour le troisième mois, 7 cuillerées; du troisième au sixième mois, 8 à 9 cuillerées; du sixième au huitième mois, 12 cuillerées; du huitième au douzième, 14 cuillerées.

Enfin, rappelons, bien que cela soit certainement superflu, que le lait ne doit jamais être donné froid, mais toujours tiède, à une température à peu près égale à celle du lait que l'enfant tire directement du sein.

---

(1) Voir page 20 pour l'alimentation avec le lait de vache.

MODIFICATIONS A APPORTER DANS L'ALLAITEMENT.

Les médecins, en France, ont une tendance à reculer le plus tard possible la cessation du régime lacté exclusif ; certains voudraient le prolonger jusqu'à dix-huit mois et plus. En Allemagne et en Angleterre, il n'en est pas ainsi, à un an, les enfants sont sevrés et il n'apparaît pas qu'ils s'en trouvent plus mal, bien au contraire.

En Angleterre, on devient encore plus hardi pour l'alimentation de l'enfant. Au Congrès de l'Institut royal britannique de Santé publique de 1904, des membres importants de ce congrès, tels que les D<rs> Turner et Campbell ont émis cette théorie, que les aliments solides doivent être préférés aux aliments liquides pour les enfants en bas âge et qu'il est nécessaire de leur donner une alimentation sous une forme qui les oblige à mastiquer. Le D<r> Campbell va jusqu'à conseiller, dès que l'enfant a atteint sept mois, de lui donner à ronger des os de côtelettes, de poulet, et de lui faire croquer des biscuits durs, des croûtes de pain, etc.

Nous n'admettons ni l'exagération française qui voudrait prolonger indéfiniment l'alimentation exclusive par le lait, ni l'exagération anglaise et nous continuerons à prescrire que c'est dans le sixième mois que le sevrage doit commencer à être préparé aussi bien pour l'enfant élevé au sein qu'artificiellement.

Le lait constitue un aliment insuffisant pour le développement du système musculaire et osseux de l'enfant; il est donc nécessaire d'y associer de bonne heure des matériaux hydrocarbonés. Mais on doit le faire lentement, avec méthode, de façon à amener sans troubles le nourrisson à pouvoir, une fois ses douze mois révolus, supporter sans inconvénient le régime nouveau qui suit le sevrage.

On commencera par remplacer une tétée ou une prise de lait au verre, par une bouillie (lait avec farines de froment, de gruau, d'orge, d'avoine, de lentilles); une panade faite à l'eau avec croûte de pain ou mieux biscottes, un peu de beurre, de sel ou de sucre, le tout bien cuit; des potages au tapioca, au sagou, à la semoule avec bouillon en premier lieu de poulet, puis de veau, enfin de bœuf; un jaune d'œuf peu cuit à la coque.

Mais si la prise de lait est de 12 cuillerées après le sixième mois, ainsi que nous l'avons indiqué pour l'allaitemnt artificiel, le nouvel aliment ne sera donné qu'en proportions moindres, d'abord par trois, puis par six, par neuf cuillerées, enfin par la totalité, au dixième mois. De même, moitié d'un jaune d'œuf en débutant pour arriver à l'œuf tout entier.

A partir du dixième mois, on supprimera une seconde prise de lait qu'on remplacera comme ci-dessus et on arrivera ainsi à donner à l'enfant, à des heures réglées, le matin et le soir, un aliment autre que le lait qui l'accoutumera petit à petit au nouveau régime qui devra clore celui de l'allaitement.

Enfin quel que soit l'âge de l'enfant, n'hésitez pas à sucrer le lait, il profitera largement de cet aliment justement déclaré parfait. Claude Bernard et tout récemment Chauveau ont démontré que le sucre est un *aliment indispensable* à la nutrition des tissus. Il a l'avantage d'être utilisé en totalité sans laisser de déchet, de sorte que 100 grammes de sucre représentent 100 grammes de substance alimentaire utilisée.

Il arrive souvent que l'enfant nourri au sein aussi bien qu'à l'aide de l'allaitement artificiel, rejette le lait qu'il vient de prendre, ce qui indique de l'intolérance de l'estomac; on essayera, dans ce cas, d'y remédier à l'aide d'un médicament ne présentant aucun danger et qui a donné déjà d'excellents résultats. On administrera, quelques instants avant chaque prise de lait, une cuillerée à café aux enfants âgés de quelques mois ou une cuillerée à bouche à ceux ayant dépassé sept mois, d'une solution :

Citrate de soude............ 5 grammes.
Eau..................... 300 grammes.

Ce médicament ayant l'inconvénient de s'altérer assez vite, on demandera au pharmacien de le préparer par double décomposition, en faisant agir l'acide citrique sur le bicarbonate de soude, jusqu'à l'indication par le papier de tournesol, de la neutralisation de la solution.

De longue date, nous nous sommes bien trouvé de conseiller de donner à l'enfant deux ou trois fois par semaine, par cuillerée à café, de la poudre d'os de bœuf qu'on obtient en râpant un os long (os de la cuisse du bœuf) choisi de toute fraîcheur. C'est un excellent et puissant moyen de fournir aux enfants à tendance au rachitisme, du phosphate de chaux très assimilable et sous une forme bien plus active et surtout moins coûteuse que toutes les préparations pharmaceutiques.

Ce moyen si simple auquel nous avons eu recours, depuis plus de trente ans, pour fortifier le système osseux des jeunes enfants, aussi bien que pour les malades chez lesquels se produit une déminéralisation, nous le voyons maintenant préconisé par la médecine officielle.

Dans un travail tout récent (1904) sur les médicaments organo-minéraux, le Dr Albert

Robin démontre que « pour reminéraliser un malade qui perd de la chaux, la poudre d'os est de beaucoup préférable aux sels minéraux produits par la chimie. »

IV

RÉGIME DE L'ENFANT SEVRÉ

A un an, l'enfant ne possède que ses incisives ; il peut déjà couper et diviser certains aliments, comme le pain, il ne lui est pas possible de mastiquer. Du reste, c'est là une fonction à laquelle il n'est pas préparé et qu'il devra acquérir par l'éducation. Il faut donc continuer à lui donner ses aliments sous forme de bouillons ou de purées et à les lui faire prendre à la cuillère, en un mot à lui donner la *becquée*.

Dès le début, les repas seront au nombre de quatre, divisés ainsi :

Petit déjeuner, vers huit heures ; déjeuner à midi, goûter vers trois heures, dîner vers sept heures.

De douze à dix-huit mois, la nourriture de la journée se composera d'un œuf, de deux soupes épaisses ou panades, ou de deux purées de légumes secs, de une à deux cuillerées à potage de salade cuite ou, si l'enfant a une tendance à la constipation, de fruits cuits et passés (pruneaux et marmelade de pommes). Comme boisson, de l'eau pure filtrée plutôt que du lait. Le petit déjeuner pourra se composer d'un potage ou de chocolat à l'eau avec du pain beurré.

On n'oubliera pas, soit au goûter, soit à l'un des autres repas, de donner à grignoter une biscotte, un grissini (1), une croûte de pain. Rien de tel pour apprendre à l'enfant à mâcher et à mastiquer.

De dix-huit mois à deux ans, même régime seulement un peu plus copieux et avec deux œufs. Nul inconvénient à remplacer l'eau pure par de l'eau rougie.

---

(1) Voici une recette qui pourra rendre service aux mères de famille :

Pour obtenir un kilogramme de grissinis, on prend 500 grammes de farine, 2 œufs et environ un verre d'eau tiède salée ; après avoir mélangé le tout, on pétrit la pâte pendant une demi-heure, on la découpe ensuite sur la planche, on roule les morceaux avec les doigts pour former les grissinis, puis on les met au four,

Après deux ans, on pourra donner trois œufs par jour, puis, peu à peu, on diminuera les soupes épaisses pour les remplacer par des potages et on introduira, dans les deux grands repas du poisson et de la viande.

A trois ans, les enfants peuvent manger comme leurs parents en évitant toutefois les mets notoirement indigestes, tels que la viande de porc, les ragoûts, etc.

Enfin, pendant toutes ces périodes, jamais de pâtisseries, ni de sucreries sauf des crèmes, et bien entendu, jamais rien en dehors des repas.

V

SOINS DE PROPRETÉ

La propreté chez l'enfant en bas âge est
une des premières conditions de son hygiène ;
non pas tant, comme on le proclame aujour-
d'hui, pour le défendre contre les microbes
qui se déposent sur sa peau, mais pour empêcher que les pores, les glandes sébacées et
les glandes sudoripares de celle-ci, ne perdent leur fonctionnement régulier en s'obs-
truant et en s'encrassant ; car la peau est un
organe de sécrétion par lequel l'économie se
débarrasse de certains matériaux inutiles ou
nuisibles.

C'est uniquement pour ces raisons et non
par crainte du staphylocoque, du streptoco-
que, du colibacille qui se trouvent, paraît-il,
à l'état permanent sur la peau de l'enfant,
et de tant d'autres microbes et bacilles à
noms aussi baroques, que nous préconisons

la nécessité de faire la toilette de l'enfant en bas âge, matin et soir.

Certes, c'est beaucoup d'audace de notre part, par ce temps de fanatisme microbien, d'émettre une telle opinion ; mais nous répondrons que, de l'aveu même des microbistes, les microbes ne sont pas toujours méchants, qu'ils restent souvent longtemps bien inoffensifs en contact avec nos tissus et qu'ils ne changent leur rôle passif pour devenir nocifs que dans certaines conditions de milieux et de moments.

Nous rappellerons également ce fait suggestif que le bacille virgule, l'auteur, affirme-t-on, du choléra, ne se trouve pas dans les cas foudroyants, on ne le voit apparaître que lorsque la maladie a mis un certain temps à évoluer, de sorte que pour celui qui raisonne, il n'est plus là qu'un produit et non la cause directe du fléau miasmatique.

Ici, se place bien à point un vieux souvenir du temps où nous faisions notre stage à l'hôpital Cochin dans le service du Dr Follin, un des plus honnêtes et des plus habiles chirurgiens de l'époque. Nous avons encore devant les yeux l'expressive indignation d'une bonne vieille, âgée de quatre-vingt-un ans, que l'on venait d'amener à la suite d'un accident de voiture, lorsqu'on voulut lui faire prendre le bain réglementaire d'entrée.

— Ah ben non, pour sûr que non, s'exclamait-elle, que je ne veux pas entrer là-dedans; depuis que je suis au monde, je n'ai jamais pris de ça et ce n'est pas à mon âge que je commencerai.

Elle ajoutait, cette irréductible ennemie des bains : « Voyez-vous, je n'ai pas été une heure de ma vie malade, je ne sais pas même ce que c'est qu'un mal de dents. »

Et pourtant, que de milliards de légions de microbes : streptocoques, staphylocoques et *tutti quanti* avaient dû prospérer sur cette vieille peau que les fortes transpirations avaient seules décrassée pendant quatre-vingt-un ans !

.·.

C'est surtout dans les premiers mois que les soins de propreté doivent être le plus rigoureusement observés.

Le matin, la toilette commencera par un bain tiède avec un peu d'eau de toilette d'eau de Cologne ou d'alcool camphré. On n'y laissera l'enfant que quelques minutes pendant lesquelles on lui nettoiera toutes les parties du corps de préférence avec du coton hydrophile qu'on jettera ensuite, les éponges n'étant pas sans inconvénient par la difficulté de pouvoir les nettoyer suffisamment.

La figure et les mains seront lavées en même temps et les petits ongles brossés au besoin.

La tête, à la moindre apparence d'encrassement, sera lavée avec de l'eau tiède additionnée, pour un demi-litre, d'une cuillerée d'eau sédative. Si on avait affaire à une crasse très adhérente et difficile à enlever, on commencerait par un petit savonnage du cuir chevelu.

Le soir, la toilette consistera à laver la figure, les mains, les pieds et les organes génitaux, avec de l'eau tiède en hiver, avec l'eau à la température ambiante en été, à laquelle on ajoutera quelques gouttes des alcoolats ci dessus indiqués.

Mais ce qu'on ne saurait trop recommander, c'est d'enlever, aussitôt qu'on s'en aperçoit, la couche souillée, puis de laver largement toutes les surfaces du corps qui ont été salies, de bien les essuyer ensuite, avant de remettre à l'enfant une nouvelle couche qu'on aura la précaution de faire chauffer légèrement en hiver.

A la moindre apparition d'échauffement de l'anus et des organes sexuels, d'érythème des parties cutanées en contact dans la couche avec les matières et surtout l'urine si corrosive chez l'enfant, on se servira, pour les lavages, d'eau de fleur de sureau à laquelle on ajouterait, par litre, 1 à 2 grammes de sulfate de zinc, dans tous les cas où on suspecterait, chez le bébé, une tare mercurielle ou syphilitique.

Après trois mois, on ne donnera le bain que tous les deux ou trois jours en y ajoutant chaque fois un grand verre d'eau sédative et en y éteignant une clé rougie au feu.

A un an, on ne donnera ce bain sédatif qu'une fois par semaine en y mêlant une grosse poignée de sel gris de cuisine.

A trois ans, un bain sédatif tous les quinze jours, composé comme il suit :

Eau......................	50 à 60 litres.
Ammoniaque camphrée.	60 grammes.
Sel marin.................	250 —

On ne devra pas négliger également, pendant toute la durée de l'allaitement, de procéder à un nettoyage de la bouche, surtout entre les parois buccales et les gencives, à l'aide d'un linge très fin mouillé d'eau alcoolisée.

Nous ne terminerons pas ce petit chapitre consacré aux soins hygiéniques, sans mentionner l'application de l'hydrothérapie à l'hygiène de l'enfance dans le but d'obtenir un endurcissement au froid ; elle consiste dans l'usage journalier d'aspersions froides, du *tub* pour nous servir du terme consacré, car plus que jamais nous nous anglomanisons.

Nous en avons vu de bons résultats, cependant nous ne préconiserons pas ce moyen parce que nous ne le considérons pas sans danger. Il demande, non seulement une connaissance approfondie de l'état constitution-

nel de l'enfant, mais un *doigté* dans son application, que tout le monde n'est pas à même de posséder pas plus que les moyens de le mettre judicieusement en pratique.

Dans tous les cas, ce n'est pas sans inconvénient qu'on peut produire chez de si tendres organismes, d'aussi brusques saisissements tégumentaires qui se traduisent invariablement par des impressions réflexes dans tous les viscères.

Il nous a été donné plusieurs fois de constater chez les enfants soumis régulièrement aux affusions d'eau froide sur le corps, une tendance à s'enrhumer et surtout des accès fébriles ne se rapportant à aucun symptôme autrement morbide.

Nous avons, au contraire, toute certitude de conduire à bon port le développement régulier de l'enfant, d'en faire un être sain et robuste à l'aide de nos moyens hygiéniques et prophylactiques ; il nous paraît plus sage, dès lors, de nous y tenir plutôt que de recourir à un procédé dont le mérite, pour certains, est surtout une question de mode exotique.

VI

SOINS PROPHYLACTIQUES

Dans l'état de santé, on administrera à l'enfant, tous les trois à quatre jours, une demi-cuillerée à potage de sirop de chicorée ; plus tard une cuillerée entière.

Le sirop de chicorée, ainsi que nous l'avons dit, est doublement précieux ; d'abord comme laxatif, il nettoie, il rafraîchit les muqueuses de l'estomac et des intestins et par suite maintient leur parfait fonctionnement, puis comme vermifuge, il combat avantageusement la pullulation des vers que favorise le régime lacté.

On lui fera également de temps à autre, en le sortant de son petit bain et aussitôt essuyé, une légère onction sur tout le corps avec la pommade camphrée.

Au moindre malaise, on lui frictionnera

doucement le ventre à la pommade camphrée, puis on lui donnera un petit lavement ainsi composé :

Dans un demi-litre d'eau, faire bouillir quelques minutes :

Graines de lin, une pincée à deux doigts ; sel gris de cuisine, quelques grains ; assafœtida en poudre, gros comme un pois.

Ajouter, en retirant du feu, gros comme une noisette de pommade camphrée.

Si on remarquait chez l'enfant un peu de fièvre, on lui ferait, en outre, sur le dos et les reins, en prenant des précautions pour qu'il ne se refroidisse pas, des lotions à l'eau sédative suivies d'une friction à la pommade camphrée qu'on essuierait avec quelques gouttes d'eau de toilette ; le tout bien entendu exécuté avec la main.

Dans le cas où, en dépit de tous ces moyens, qui, en général, suffisent à maintenir l'enfant en bonne santé, il se manifesterait une tendance progressive à la constipation, on administrerait l'huile de ricin, à la dose de une à deux cuillerées à café pour les premiers mois et de 15 grammes au-dessus d'un an.

A la moindre manifestation convulsive, donner un lavement comme ci-dessus en forçant la dose d'assa-fœtida ; si cela ne produisait pas de résultat, on mettrait l'enfant dans le bain sédatif dont nous avons donné la formule (page 97) ; on l'y laisserait un quart d'heure et après l'avoir essuyé, on lui ferait sur le dos une friction à la pommade camphrée.

Toutes les fois qu'il y aura lieu de suspecter chez l'enfant une tare héréditaire, on lui administrera, alternativement avec le sirop de chicorée, le sirop antiscorbutique et, à un an, on aura recours à la tisane de salsepareille, la valeur d'un verre à bordeaux qu'on lui fera prendre mêlée à sa boisson.

A l'enfant syphilitique, on donnera, par jour, 10 centigrammes d'iodure de potassium, vingt jours par mois, de préférence dans la tisane de salsepareille ; on augmentera le nombre de bains sédatifs et, pour tous les soins de propreté, on ne se servira que d'eau zinguée (1 gramme de sulfate de zinc par litre d'eau),

La gourme, ou croûte de lait, l'impétigo ou l'eczéma impétigineux, ne sont que les poussées extérieures d'un vice héréditaire ; il faut travailler à en purifier l'enfant, sans cependant chercher à faire passer trop vite ces manifestations cutanées.

Chaque jour, en faisant sa toilette, on lui lavera la tête et les surfaces envahies avec tantôt de l'eau de fleur de sureau zinguée tiède, tantôt avec l'eau quadruple ; graissage ensuite avec la pommade camphrée ; sirops de chicorée et antiscorbutique administrés régulièrement. Les bains sédatifs ferrugineux seront très favorables pour purifier le sang vicié du bébé.

VII

MÉDICATION CURATIVE

Nous sortirions du cadre dans lequel nous nous sommes efforcé de nous renfermer en écrivant ce petit traité d'hygiène pratique, s'il fallait aborder toutes les maladies qui peuvent atteindre l'enfant à une époque quelconque de son développement et qui sont du reste communes à l'homme adulte; nous renvoyons donc au *Manuel annuaire de la santé* où l'on trouvera ces maladies décrites en leur lieu et selon leur ordre alphabétique, en même temps que le traitement à l'aide duquel on peut les combattre avec toutes les chances de succès.

Cependant, nous croyons utile de parler spécialement ici de quatre affections particulières à l'enfance parce qu'elles sont toujours pour les mères une menace et un sujet de perpétuelle inquiétude.

CONVULSIONS OU ÉCLAMPSIE

Nous avons dit précédemment que les convulsions de l'enfance peuvent être provoquées soit par une peur ou une violente colère, soit par l'action des vers intestinaux sur des centres nerveux et qu'en dehors de ces causes, elles ne sont qu'une manifestation d'une diathèse due à l'alcoolisme des parents. Dans les deux premiers cas, les convulsions cessent avec les causes qui les ont provoquées; dans le dernier, elles sont le prélude de l'épilepsie. La poussée des dents prédispose souvent aux crises les enfants tarés d'épilepsie.

Le plus généralement, l'attaque se produit brusquement, sans symptômes précurseurs. Expression hagarde, yeux retournés, face violacée, grimaçante, bouche écumante; l'enfant grince des dents, jette la tête en arrière; ses bras sont secoués de mouvements saccadés, ses doigts crispés, puis tout le corps se raidit et le pauvre petit être peut mourir dans

le paroxysme de la crise. Il y a émission in-
volontaire des selles et des urines, surtout
quand les convulsions sont symptomatiques
d'une tare épileptiforme ou d'une affection
de l'encéphale.

On débarrasse rapidement l'enfant de ses
vêtements, on le lotionne à l'eau sédative et
on lui en arrose le crâne pendant qu'on prépare un bain sédatif dans lequel on le tiendra plongé pendant vingt minutes. Lavement
ensuite (voir page 100) en portant à 50 centigrammes la dose d'assa-fœtida. On tâchera
en outre de lui faire avaler 25 centigrammes
de cette poudre entre deux couches de gelée
de groseille.

On pourra également, à défaut de bain,
combattre l'attaque à l'aide d'applications de
cataplasmes de farine de lin (1) fortement arrosés d'eau sédative, à l'instant même de les
appliquer le plus chaud possible sur toute

____

(1) On prépare un cataplasme en faisant bouillir dans un
demi-litre d'eau, avant d'y délayer la farine de lin en quantité suffisante : une cuillerée de sel gris de cuisine, gros
comme un pois d'assa-fœtida et 3 à 4 feuilles de laurier-
sauce.

l'étendue de la colonne vertébrale ; on les renouvellera tous les quarts d'heure. Dans ce cas, on administrerait l'huile de ricin, si possible, à la dose d'une cuillerée à soupe.

DIARRHÉE INFANTILE OU ATHREPSIE.

Cette maladie, qui cause une si grande mortalité parmi les enfants, n'est autre qu'une gastro-entérite, causée soit par la pullulation de vers intestinaux favorisée par le laitage, soit par une succession de mauvaises digestions dues à un régime défectueux tel que l'alimentation au lait stérilisé, soit enfin pendant les grandes chaleurs, par les troubles digestifs dus à l'usage des biberons mal nettoyés.

Dès l'apparition des premiers symptômes, on administrera une cuillerée à soupe d'huile de ricin pour débarrasser le tube digestif des ferments qui encrassent les muqueuses ; on appliquera sur le ventre, pendant vingt-cinq minutes, trois à quatre fois par jour, un cataplasme de farine de lin fortement arrosé de liqueur anticholérique du *Manuel*. Matin et soir, on fera avaler, entre deux couches de gelée de coing, gros comme un fort pois (0 gr. 20), d'un mélange composé par égales parts d'écorce de grenade en poudre, ou simplement râpée, et d'assa-fœtida. On donnera une seconde fois l'huile de ricin si le mal résistait.

L'écorce de grenade en poudre ou mieux râpée au moment de l'administrer donne dans la diarrhée infantile des résultats surprenants. En voici un exemple tout récent :

Une jeune femme atteinte d'un phlegmon à l'index de la main droite fut forcée de sevrer son enfant âgé de quatre mois en pleine chaleur de juillet, son lait étant devenu malsain. Ce brusque changement de nourriture joint au manque de soins d'hygiène et de propreté, causa une diarrhée intense chez le bébé à qui la mère, très pauvre et privée de l'usage de sa main droite, ne pouvait donner les soins nécessaires en pareil cas. Les vomissements et la diarrhée avaient amené cet enfant, pourtant de constitution robuste, au dernier degré de dépérissement.

L'écorce de grenade administrée, trois fois par jour, mélangée dans une cuillerée à café de lait, à la dose de 0 gr. 20 à 0 gr. 30 chaque fois, à l'exclusion de tout autre médicament, fit bientôt cesser tous les accidents. Le soir même, les vomissements avaient disparu, les selles étaient déjà moins fréquentes et quelques jours après le bébé était redevenu gai et florissant de santé.

CROUP

Aujourd'hui, on confond, sous le même nom de diphtérie, le croup, l'ancienne angine pseudo-membraneuse diphtéritique, et toutes les angines de nature et d'origine diverses du moment qu'elles s'accompagnent de plaques blanches ou jaunâtres sur les muqueuses de l'arrière-gorge. Il est vrai que pour donner du poids au diagnostic, on invoque l'examen microscopique qui révèle la présence du bacille de Lœffler, le microbe attitré de la diphtérie; mais, d'autre part, il est indéniable que le dit bacille se trouve souvent sur la muqueuse des premières voies respiratoires d'enfants chez lesquels il n'existe aucun symptôme morbide. On voit par là l'extension donnée aux cas de diphtérie et les cures faciles obtenues avec le sérum anti-diphtérique, alors qu'il ne s'agit que d'angines guérissables par les plus simples moyens thérapeutiques.

On n'a pas oublié l'enthousiasme qui accueillit ce sérum annoncé comme le remède héroïque, infaillible de la diphtérie ; avant même qu'il eût fait ses preuves, il fut acclamé sans conteste. L'un s'écriait : « la mort est vaincue » ; un autre : « désormais on ne mourra plus de la diphtérie. » Et le croup continue à enlever les enfants à leur mère tout comme auparavant.

Il y a plus, la mortalité par cette maladie augmente dans des proportions inquiétantes, malgré le sérum qui est de plus en plus employé au moindre symptôme suspect. On peut dire que l'année 1901 a ouvert la faillite du sérum antidiphtérique ; il n'y a pas eu de semaine où, depuis le mois de janvier, la mortalité par la diphtérie n'ait atteint le double et le triple de la moyenne des semaines correspondantes des années antérieures. Elle s'est même élevée, du 12 au 18 mai, à 29 et, du 16 au 22 juin, à 25 au lieu de la moyenne 6.

Le sérum est donc impuissant toutes les fois qu'on l'applique à des cas graves de diphtérie, c'est-à-dire au véritable croup.

Mais par contre, il n'est pas sans avoir une action pernicieuse sur l'organisme en y introduisant un principe infectieux qui a toujours pour conséquence une convalescence très longue et bien souvent des manifestations cutanées ou des troubles dans les centres nerveux qui se traduisent par des paralysies, de l'aphasie, de la surdité, etc. Ces accidents consécutifs peuvent devenir rapidement mortels ; c'est ainsi que nous avons pu citer les exemples de deux enfants florissants de santé avant les injections de sérum, qui, à leur suite, eurent une éruption sur tout le corps, puis périclitèrent de jour en jour et finirent par mourir en moins de six mois, les poumons décomposés comme dans une phtisie galopante.

La foi est robuste en France et la réclame si puissante qu'à l'heure actuelle, en dépit de l'insuccès absolu du sérum dans les cas graves, en dépit des accidents qu'il produit, il n'est peut-être pas une mère de famille qui ne traiterait d'assassin le praticien consciencieux refusant d'employer les injections chez son enfant atteint d'une angine diphtéritique ou qualifiée telle.

Et comment en serait-il autrement, quand elles lisent d'audacieuses affirmations comme celles que nous trouvons à la date du 19 août 1901, dans un journal du Nord, à propos d'une communication faite au conseil général par le Dr Calmette, directeur de l'Institut Pasteur de Lille ? D'après lui, le sérum antidiphtérique offre si peu de danger, qu'il faut non seulement l'employer à hautes doses à titre curatif, mais encore comme moyen prophylactique ; en un mot, qu'on ne saurait trop propager la foi dans le sérum et préconiser la nécessité d'infuser cet infectieux produit aux enfants en général pour les prémunir contre la diphtérie.

Dans un accès de lyrisme, le rédacteur de

ce journal s'écrie : « Y eut-il jamais plus beau triomphe de la science ? Et quelle gratitude infinie doit remplir le cœur des mères de famille pour les savants qui ont éloigné de la tête chérie des enfants le croup affreux autrefois incurable ! »

La réponse est cruelle : en 1901, la mortalité par la diphtérie s'est élevée en une semaine à 26, au lieu de la moyenne 6 des années antérieures !

Mais pourquoi, objectera-t-on, se produit-il une telle différence dans la mortalité de la diphtérie, en dépit de l'application généralisée du sérum ? La raison en est simple : parce que le sérum antidiphtérique, pendant les premières années de sa mise en pratique, a heureusement bénéficié d'une période où le croup était rare, de même qu'on voit les autres maladies zymotiques, auxquelles jusqu'ici on n'a pas encore opposé de sérums curatifs ou préventifs, avoir des périodes où la mortalité de leur fait est pour ainsi dire nulle.

Il est désormais établi que la diphtérie suit périodiquement une courbe ascendante et descendante, et que le sérum sauveur ne modifie en rien la marche ascendante de la maladie ; on ne saurait donc lui attribuer le bénéfice de la diminution de la mortalité résultant de la rareté et de la bénignité des cas à certaines époques.

Oui, anciennement le croup, l'affreux croup était presque toujours incurable ; et il l'est encore avec le sérum, parce que l'action de ce produit n'est pas assez rapide pour agir comme dérivatif sur la maladie, car, par croup, nous entendons désigner ce mal vraiment terrifiant pour les mères qui prend l'enfant subitement et peut l'emporter en quelques heures.

Depuis huit ans, nous avons donné le moyen aussi simple qu'efficace et inoffensif de guérir le croup ; nous avons cité des exemples où il avait produit de véritables résurrections ; nous avons cité le cas de cette brave femme de Creil, affolée, lorsque le médecin lui affirma que son enfant était perdu, les injections de sérum étant restées sans effet, recourant, sur le conseil d'une voisine, au traitement indiqué dans notre *Manuel* et ayant la joie de sauver en quelques heures le pauvre petit que le médecin, en venant dans la matinée, croyant avoir à signer le certificat de décès, trouva sur pied tout disposé à aller jouer.

Nous avons dit et redit tout cela ; nous nous sommes adressé aux médecins et chirurgiens des hôpitaux leur disant : Essayez nôtre traitement dans les cas qui vous paraîtront désespérés, là encore vous réussirez à guérir. Nos efforts sont restés vains.

Eh bien, nous dirons aux intéressées sous les yeux desquelles tomberont ces lignes : Mères de famille, ne vous épouvantez plus d'une maladie réduite à la valeur d'une indisposition, aussi facile à faire disparaître qu'une indigestion, plus rapidement qu'une simple migraine. Quel intérêt aurions-nous à vous tromper, le traitement suivant n'est pas un monopole, vous pouvez vous en procurer les éléments même chez certains épiciers : l'humanité seule est notre guide.

Traitement du croup.

PRÉVENTIF. — Au moindre symptôme de gêne à la gorge remarqué chez l'enfant, on lui entourera le cou d'une cravate imbibée tantôt d'eau sédative, tantôt d'alcool camphré ; on lui fera boire avec du lait une infusion de bourrache et on lui fera avaler, entre deux couches de confiture, une pincée d'assafœtida en poudre. Pris ainsi au début, le mal avorte presque toujours.

CURATIF. — Mais si on n'arrivait que lorsque le croup est nettement déclaré, que les fausses membranes ont déjà envahi le larynx, on se hâterait de badigeonner le fond de la gorge, rapidement et le plus profondément possible, avec un tampon de charpie enroulé au bout d'une baguette, même d'un long crayon, et fortement imbibé d'alcool camphré ; dans les haut-le-corps que fera l'enfant, une grande quantité de fausses membranes mortifiées presque instantanément par l'alcool, sera déjà expulsée. On tiendra le cou entouré d'une compresse d'alcool camphré. Au bout d'une demi-heure, on administrera dans un demi-verre d'eau, 5 centigrammes d'émétique. On recommencera, coûte que coûte, de demi-heure en demi-heure, les badigeonnages à l'alcool camphré jusqu'à disparition de toute trace d'obstruction du larynx, ce qui ne demande pas plus de trois à quatre heures. Administrer ensuite l'huile de ricin pour chasser du tube digestif les fausses membranes qui auraient pu être avalées.

Avec ce traitement, l'enfant, fût-il à la période d'asphyxie commandant la trachéotomie, sera promptement remis sur pied : tout au plus aura-t-il le lendemain une petite toux d'irritation, si le larynx a été intéressé plus avant, toux que l'on ferait disparaître par quelques applications, sur tout le haut de la poitrine, de cataplasmes de farine de lin (1) fortement arrosés d'eau sédative au moment de les poser, très chauds, pendant vingt minutes.

____

(1) Voir page 105.

OPHTALMIE INFANTILE.

Cette affection qu'on attribue à l'insuffisance des soins antiseptiques donnés à la mère avant et pendant l'accouchement est justement une des conséquences de l'infection mercurielle de cette dernière par les injections au sublimé corrosif.

L'ophtalmie infantile est pour ainsi dire inconnue dans les contrées où les femmes ne pratiquent aucun soin de propreté intime dans tout le cours de leur existence, ne se lavant pas même après leurs règles et qui accouchent sans soupçonner seulement ce que c'est qu'une injection. Nous avons rencontré de ces pays, entre autres dans les Flandres où les familles de huit et dix enfants sont courantes ; nous n'y avons pas constaté un cas d'ophtalmie infantile ; nous avons pu, au contraire, admirer les beaux yeux de ces enfants aux joues rebondies de santé ! Leurs mères n'avaient pas encore été atteintes par le fameux sublimé.

Nous le répéterons encore et toujours ; ce n'est pas le microbe qui est le plus à redouter à l'heure actuelle, c'est le remède en usage, pour le combattre, depuis l'avènement du pasteurisme.

Et pour comble, nous citerons sans commentaire, ce conseil donné dans un article paru, en tête d'un journal à grand tirage, à la date du 21 août 1901 :

« Il est d'usage aujourd'hui de glisser dans les yeux des bébés, au moment de leur naissance, deux ou trois gouttes d'une solution de nitrate d'argent ou de *sublimé !* »

On combattra, avec garantie de succès, l'ophtalmie infantile, en lavant tout simplement plusieurs fois par jour les yeux de l'enfant soit avec de l'eau quadruple, soit avec de l'eau de fleur de sureau additionnée de 50 centigrammes de sulfate de zinc pour le quart d'un litre.

TABLE ALPHABÉTIQUE DES MATIÈRES

Mayenne, Imprimerie Ch. COLIN.

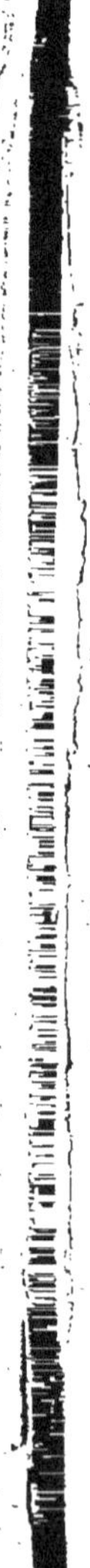

Ouvrages de F.-V. RASPAIL

Manuel annuaire de la santé ou Médecine et pharmacie domestiques, contenant tous les renseignements théoriques et pratiques nécessaires pour savoir préparer et employer soi-même les médicaments, se préserver ou se guérir ainsi promptement, et à peu de frais, de la plupart des maladies curables et se procurer un soulagement presque équivalent à la santé, dans les maladies incurables ou chroniques, par F.-V. RASPAIL, continé par son fils : M. Xavier Raspail. — Un vol. in-18 de plus de 450 pages.

Prix { Broché, 1 fr. 50 ; par la poste, 1 fr. 80.
Cartonné, 2 francs ; par la poste, 2 fr. 30.

Le fermier-vétérinaire ou Méthode aussi économique que facile de préserver et de guérir les animaux domestiques du plus grand nombre de leurs maladies ; par F.-V. RASPAIL. 5e édition. — 1 vol in-18. Prix : 1 fr. 50 c., et par la poste : 1 fr. 80.

Histoire naturelle de la santé et de la maladie chez les végétaux et les animaux en général et en particulier chez l'homme, par F.-V. Raspail. — 3e édition entièrement refondue et considérablement augmentée avec des figures sur bois dans le texte et 19 planches gravées sur acier d'après les dessins de son fils Benj. Raspail. — 3 forts volumes gr. in-8 avec portrait de l'auteur.

Prix de l'ouvrage broché { avec figures noires, 30 fr.
avec figures coloriées, 40 fr.

Prix de l'ouvrage relié 9 francs en sus.